Kohlhammer

Die Autorin

Prof. Dr. Kathrin Mahlau ist Sonderpädagogin und lehrt als Professorin am Lehrstuhl für Sonderpädagogik und Inklusion in den Förderschwerpunkten Lernen, Sprache und sozialemotionale Entwicklung der Universität Greifswald. Als Sprachheilpädagogin unterrichtete sie mehrere Jahre in Sprachheilklassen und in Klassen im Förderschwerpunkt Lernen. Ihre Forschungsschwerpunkte liegen in den Bereichen der Diagnostik und Förderung bei Kindern mit Sprachentwicklungsauffälligkeiten und Lese-Rechtschreibauffälligkeiten.

Kathrin Mahlau

Kinder mit Sprachauffälligkeiten

Förderung in inklusiven Schulklassen

Verlag W. Kohlhammer

Dieses Werk einschließlich aller seiner Teile ist urheberrechtlich geschützt. Jede Verwendung außerhalb der engen Grenzen des Urheberrechts ist ohne Zustimmung des Verlags unzulässig und strafbar. Das gilt insbesondere für Vervielfältigungen, Übersetzungen, Mikroverfilmungen und für die Einspeicherung und Verarbeitung in elektronischen Systemen.

Die Wiedergabe von Warenbezeichnungen, Handelsnamen und sonstigen Kennzeichen in diesem Buch berechtigt nicht zu der Annahme, dass diese von jedermann frei benutzt werden dürfen. Vielmehr kann es sich auch dann um eingetragene Warenzeichen oder sonstige geschützte Kennzeichen handeln, wenn sie nicht eigens als solche gekennzeichnet sind.

Es konnten nicht alle Rechtsinhaber von Abbildungen ermittelt werden. Sollte dem Verlag gegenüber der Nachweis der Rechtsinhaberschaft geführt werden, wird das branchenübliche Honorar nachträglich gezahlt.

Dieses Werk enthält Hinweise/Links zu externen Websites Dritter, auf deren Inhalt der Verlag keinen Einfluss hat und die der Haftung der jeweiligen Seitenanbieter oder -betreiber unterliegen. Zum Zeitpunkt der Verlinkung wurden die externen Websites auf mögliche Rechtsverstöße überprüft und dabei keine Rechtsverletzung festgestellt. Ohne konkrete Hinweise auf eine solche Rechtsverletzung ist eine permanente inhaltliche Kontrolle der verlinkten Seiten nicht zumutbar. Sollten jedoch Rechtsverletzungen bekannt werden, werden die betroffenen externen Links soweit möglich unverzüglich entfernt.

1. Auflage 2018

Alle Rechte vorbehalten
© W. Kohlhammer GmbH, Stuttgart
Gesamtherstellung: W. Kohlhammer GmbH, Stuttgart

Print:
ISBN 978-3-17-033832-6

E-Book-Formate:
pdf: ISBN 978-3-17-033833-3
epub: ISBN 978-3-17-033834-0
mobi: ISBN 978-3-17-033835-7

Inhaltsverzeichnis

1	Inklusion im Förderschwerpunkt Sprache – Wo stehen wir? Wo wollen wir hin?	7
2	Die Sprachentwicklung und ihre Bedeutung für das weitere Leben und Lernen	14
2.1	Die normale Sprachentwicklung	15
2.2	Welche sprachlichen Probleme erschweren Kindern mit Sprachentwicklungsstörungen das Lernen? – Die gestörte Sprachentwicklung	19
2.3	Welche Bedeutung hat Sprache für den Unterricht der Grundschule?	34
3	Handlungsmöglichkeiten zur Sprachförderung in inklusiven Schulklassen	49
3.1	Diagnostisches Vorgehen – vom Klassenscreening bis zum Förderplan	52
3.2	Handlungsmöglichkeiten zur Sprachförderung im Klassenkontext	66
3.3	Handlungsmöglichkeiten für die spezielle Sprachförderung	118
3.4	Zusammenfassung	137
4	Sprachförderung im Rügener Inklusionsmodell	139
4.1	Feststellung der sprachlichen Leistungsfähigkeit	141
4.2	Sprachförderung und evidenzbasierte Praxis	144
4.3	Fazit und abschließende Hinweise zur praktischen Umsetzung	156
Literatur		161

1 Inklusion im Förderschwerpunkt Sprache – Wo stehen wir? Wo wollen wir hin?

Innerhalb ihrer Arbeit stehen viele Lehrkräfte vor der Aufgabe, Mädchen und Jungen mit eingeschränkten Kenntnissen der deutschen Sprache zu unterrichten. Die Lehrerinnen und Lehrer stellen sich die Frage, wie sie einen möglichst optimalen Unterricht gestalten und gleichzeitig die unterschiedlichen sprachlichen Auffälligkeiten der Kinder berücksichtigen können. Um diese Aufgabe zu erfüllen, besteht für die in der Grundschule tätigen Lehrkräfte ein erheblicher Professionalisierungsbedarf. Nach Lüdtke (2015, S. 39) müssen alle »im Feld tätigen Professionen für die neuen, spezifischen Anforderungen inklusiver schulischer Praxis explizit qualifiziert« werden. Dieser Anspruch bezieht sich sowohl auf Sprachheil- oder Sonderpädagoginnen und -pädagogen und akademische Sprachtherapeuten als auch auf Lehrkräfte der Primar- und Sekundarstufe.

Das Paradigma der Inklusion impliziert Unterrichts- und Förderangebote unter einem Dach für Kinder mit und ohne Förderbedarf, mit dem Ziel einer gelingenden Bildungsteilhabe für alle. Für Mädchen und Jungen mit Problemen im Spracherwerb erfolgt die Sicherstellung der Bildungsteilhabe nicht mehr wie bisher in speziellen Sprachheilklassen, sondern im gemeinsamen Unterricht, der die sprachlich-kommunikative Barrierefreiheit zu gewährleisten hat. Um einen inklusiven Unterricht erfolgreich umsetzen zu können, bedarf es einer Erweiterung der Aufgabenfelder von Lehrkräften um die sprachheilpädagogische Fachexpertise. Sach- und Methodenkompetenz sollten um basale Kenntnisse im Umgang mit sprachentwicklungsauffälligen Kindern erweitert werden (Grohnfeldt, 2011; Lüdtke, 2015; Mahlau & Herse, 2017; Reber & Schönauer-Schneider, 2017).

Lehrkräfte benötigen daher Fachwissen über sprachliche Störungsbilder sowie Begleit- und Nachfolgeprobleme, die mit Spracherwerbsstörungen einhergehen, und Kenntnisse über sprachlich-kommunikative Barrieren und deren Verhinderung. Dabei können Synergieeffekte zwischen verschiedenen Professionen, v. a. zwischen Grundschul- und Sprachheilpädagoginnen und -pädagogen, helfen, eine hohe Qualität des Unterrichts zu sichern und die Bewältigung der Alltagsaufgaben in einer inklusiven Schule zu erleichtern.

Der Weg zu einer erfolgreichen inklusiven Beschulung von spracherwerbsbeeinträchtigten Kindern ist in Deutschland an vielen Stellen noch ungeklärt (Bless, 2017). Es lässt sich jedoch festhalten, dass in Deutschland vergleichsweise günstige Voraussetzungen zur Umsetzung einer vielfältigen Förderlandschaft für sprachentwicklungsauffällige Kinder vorliegen. So vermittelt die sprachheilpädagogische Ausbildung sowohl sprachtherapeutische als auch curriculare Inhalte sowie Didaktik und Methodik bei Kindern mit besonderen sprachlichen Entwicklungsproblemen. Diese Kenntnisse sind zentrale Elemente zur Umsetzung eines inklusiven Beschulungskonzepts für Schülerinnen und Schüler mit hohem Förderbedarf im Bereich Sprache. Sie sind u. a. Grundlage für Unterstützungsangebote in den Bereichen der Diagnostik, Prävention und Förderung, spezifische therapeutische Angebote, einen die jeweilige Sprachauffälligkeit berücksichtigenden Unterricht und Beratungssysteme auf verschiedenen Ebenen (Mahlau, 2016a; Reber, 2012).

Die Deutsche Gesellschaft für Sprachheilpädagogik (Glück, Reber, Spreer & Theisel, 2014) führt in ihrem Positionspapier zur inklusiven Beschulung von Kindern mit einem Förderbedarf im Bereich Sprache ausführlich die Erfassung individueller Auffälligkeiten sowie die Reduzierung sprachlicher Barrieren durch sprachtherapeutische Angebote auf, welche mit personenorientierten, systembezogenen Maßnahmen von Beratungsprozessen bis hin zu sonderpädagogischer Unterstützung mit therapeutischem Charakter reichen. Kinder mit Sprachentwicklungsauffälligkeiten zeigen häufig unzureichende Lernvoraussetzungen oder andere schulrelevante Entwicklungsprobleme. Diese sollten frühzeitig erkannt und ausgleichend gefördert werden, damit die betroffenen Mädchen und Jungen die schulischen Anforderungen so erfolgreich wie möglich bewältigen können (▶ Abb. 1). Neben der individuellen Förderung in den Sprachentwicklungs- und Lernbereichen sollten auch die soziale Integration und eine gesunde emotionale und soziale Entwicklung im Mittelpunkt inklusiver pädagogischer Bemühungen stehen (Mahlau & Salzberg-Ludwig, 2015).

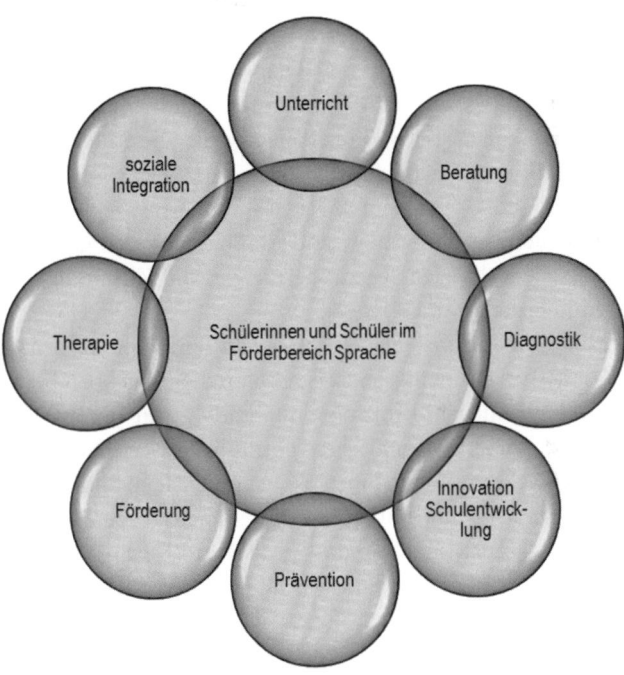

Abb. 1: Unterstützungsbereiche im Förderschwerpunkt Sprache (leicht modifiziert nach Glück et al., 2014, S. 5)

Glück et al. (2014) unterscheiden die in Abbildung 1 dargestellten Bereiche zur Umsetzung einer gelingenden Beschulung sprachauffälliger Mädchen und Jungen im inklusiven Unterricht. Auf der Grundlage diagnostischer Ergebnisse sollen *präventive* Unterstützungsangebote stattfinden, die der Manifestation vorliegender Sprachstörungen entgegenwirken oder Sekundärsymptomatiken verhindern.

Ein weiterer wichtiger Bereich ist die *Beratung*, bei der sowohl Kinder und deren Eltern als auch die Regelschulpädagoginnen und -pädagogen berücksichtigt werden und konkrete Hilfestellungen für die Umsetzung eines sprachförderlichen Unterrichts erhalten. Dazu sind Fortbildungen notwendig, in denen Informationen zur normalen und gestörten Sprachentwicklung gegeben sowie therapeutische und förderliche Konzepte thematisiert werden.

Weiterhin stellen Aufgaben der *Diagnostik* einen zentralen Baustein einer inklusiven Förderung dar.»Diagnostische Aufgabenstellungen von Sprachheilpädagogen im inklusiven Kontext betreffen die Lernleistungs- und allgemeine Entwicklungsdiagnostik, die Kind-Umfeld-Analyse, die Lernfortschrittsdiagnostik und insbesondere die Sprachdiagnostik« (ebd., S. 6). In dem für jedes sprachentwicklungsauffällige Kind zu erstellenden Förderplan sind Maßnahmen und ggf. Modifikationen und Zielstellungen festzulegen sowie die Zuständigkeiten der beteiligten Lehrpersonen zu regeln.

Den größten Bereich stellt der *Unterricht* dar. Hier werden, je nach Ausmaß des Unterstützungsbedarfs, schulische Angebote berücksichtigt, die von allgemeinen Prinzipien qualitativ guten Unterrichts bis zu individuellem sonderpädagogischen Förderbedarf reichen. Dabei sollten in allen Fächern Maßnahmen zur sprachlichen Bildung erfolgen. Bei Kindern mit einem erhöhten pädagogischen Förderbedarf werden spezielle Maßnahmen in Kleinklassen (z. B. LRS-, Sprachheilklassen) bzw. in Gruppen empfohlen. Glück et al. (2014) verweisen darauf, dass spezielle Maßnahmen auch von speziell ausgebildeten Pädagoginnen und Pädagogen verantwortet werden sollten. Diese setzen Qualitätsmerkmale sprachheilpädagogischer Kompetenz um, wie eine sprachwissenschaftlich qualifizierte Beschreibung der kindlichen Sprachäußerungen, eine Sprachentwicklungsorientierung, die methodische Angemessenheit und die Bildungszielorientierung. Ziel ist es, dass Kinder mit einem sonderpädagogischen Förderbedarf im Bereich Sprache die Bildungsstandards der Regelschule erreichen. Dazu ist die besondere Gestaltung des Unterrichts (im Sinne eines sprachheilpädagogischen Unterrichts, s. Braun, 2005) notwendig. Unter welchen Rahmenbedingungen dieses spezielle Bildungsangebot realisiert wird, an allgemeinen Schulen im gemeinsamen Unterricht, in Kooperationsklassen oder in Spezialklassen oder an spezialisierten Förderschulen, ist nach Auffassung der Autoren kein entscheidender Faktor. Die Bereiche der *Förderung* und *Therapie* bleiben v. a. den Mädchen und Jungen mit Sprachentwicklungsstörungen vorbehalten. Mit Hilfe von Screeningverfahren werden Kindergruppen gebildet, mit denen spezielle Fördermaßnahmen durchgeführt werden. Diese Maßnahmen können unterschiedliche Bereiche, wie den sprachlichen Ausdruck, den Wortschatz oder auch die phonologische Bewusstheit betreffen und unterrichtsimmanent oder additiv zum Unterricht erfolgen. Für besonders schwerwiegend beeinträchtigte Kinder sollten individuelle Angebote in einem Einzelsetting vorgehalten werden, um therapeutische Maßnahmen umzusetzen. Der Erfolg der therapeutischen Maßnahmen wird in praktisch sinnvollen Abständen kontrolliert und weitere Therapiemaßnahmen entsprechend angepasst (Glück et al., 2014).

Der Bereich der *sozialen Integration* wurde in der obigen Abbildung ergänzt. Die soziale Integration ist bei inklusiv beschulten Kindern mit einem sonderpädagogischen Förderbedarf häufig ungünstiger als bei Schülerinnen und Schülern ohne einen besonderen Förderbedarf (Huber, 2009). Besonders Kinder mit Sprachentwicklungsproblemen haben es sehr schwer, von Gleichaltrigen sozial anerkannt zu werden (Mahlau & Salzberg-Ludwig, 2015). Dies stellt für die Kinder ein erhebliches, die gesunde emotionale und soziale Entwicklung gefährdendes, Problemfeld dar und sollte im Kontext gelingender Inklusion Beachtung finden (Marten & Blumenthal, 2017).

Wo stehen wir? Wo wollen wir hin? Die Grundschulpädagogik und die Sprachheilpädagogik stehen aktuell vor der Aufgabe, die inklusive Beschulung von Kindern mit sprachlichen Auffälligkeiten qualitativ hochwertig umzusetzen, sodass den Kindern trotz eingeschränkter Sprach- und Lernentwicklungsvoraussetzungen ein erfolgreiches, altersentsprechendes Lernen ermöglicht wird. Um dieses Ziel zu erreichen, braucht es unterschiedlichste, flexibel kombinierbare Unterstützungsangebote. Dazu zählen u. a. das Erkennen von sprachlichen Schwierigkeiten in der Grundschule, die Aufbereitung des Unterrichts nach spezifischen, die Sprachstörung berücksichtigenden, Kriterien, sprachspezifische Fördermaßnahmen im Unterricht und in

1 Inklusion im Förderschwerpunkt Sprache

Einzel- oder Kleingruppen sowie Beratungsangebote und in Einzelfällen eine gut koordinierte Netzwerkarbeit. Zentrale Voraussetzung zur Umsetzung dieser Unterstützungsangebote ist eine ausreichende Professionalisierung der beteiligten Fachkräfte. Während sprachspezifische Maßnahmen von ausgebildeten Sprachheilpädagoginnen und -pädagogen umgesetzt werden, erfolgt die zeitlich deutlich umfassendere Unterstützung durch die Grundschullehrkraft, welche ebenfalls ein grundlegendes Wissen über (gestörte) Spracherwerbsprozesse und deren Berücksichtigung bei der Vermittlung von Unterrichtsinhalten haben sollte. Beide Formen der Hilfe müssen spezifisch und qualitativ hochwertig sein (Glück et al., 2014; Grohnfeldt, 2015). Konzeptionen inklusiven Unterrichts für den Förderschwerpunkt Sprache sollten dies berücksichtigen (Mahlau, 2017; 2016a).

Mit diesem Buch soll insbesondere den Grundschullehrkräften, aber auch Sonderpädagoginnen und -pädagogen sowie weiteren Personen, die im schulischen Kontext mit sprachlich auffälligen Kindern arbeiten, eine Unterstützung zur Planung und Umsetzung von sprachförderlichen Maßnahmen in die Hand gegeben werden, die zu einer gelingenden Sprachförderung im inklusiven Unterricht führen. Dazu ist es notwendig, sich theoretisches Hintergrundwissen anzueignen, wie es im Kapitel 2 dargestellt wird. Unter Kapitel 2.1 wird dargelegt, welche sprachlichen Ebenen es gibt und was ein Kind sprachlich können sollte, wenn es eingeschult wird. Danach wird zur gestörten Sprachentwicklung übergeleitet. Welche sprachlichen Probleme werden in der Fachwissenschaft unterschieden (▶ Kap. 2.2) und beeinflussen das Lernen und die emotional-soziale Entwicklung (▶ Kap. 2.3)? Das umfangreichste dritte Kapitel widmet sich dem Kernstück dieses Buches, den Handlungsmöglichkeiten zur Sprachförderung im inklusiven Unterricht. In Kapitel 3.1 wird ein diagnostischer Ablauf vorgestellt, um den Sprachentwicklungsstand der Kinder mit und ohne sprachliche(n) Auffälligkeiten einzuschätzen. Es wird die Ableitung von Förderzielen und Fördermaßnahmen erläutert, welche in einem Förderplan schriftlich festgehalten werden. Danach erfolgt in Kapitel 3.2 die Darlegung sehr umfangreicher, praxisnaher und durch viele Beispiele veranschaulichter Handlungsmöglichkeiten zur sprachlichen Förderung im inklusiven Unterricht und in Fördergruppen. Diese Handlungsmöglichkeiten orientieren sich an den »Kerndimensionen eines komplementären Unterstützungsprofils für Sprache und Kommunikation« (Lüdtke, 2015; Stitzinger, 2013b). Vorschläge zur Umsetzung einer spezifischen, therapeutisch orientierten Sprachförderung (▶ Kap. 3.3) ergänzen dieses Kapitel. Eine erfolgreich in die Praxis umgesetzte Konzeption inklusiven Unterrichts für Kinder mit sprachlichen Auffälligkeiten stellt das »Rügener Inklusionsmodell« dar, das im Kapitel 4 beschrieben wird. In einem Fazit werden gelungene Konzeptelemente und Problemfelder betrachtet, die es zu beachten gilt, wenn Kinder mit Sprachentwicklungsauffälligkeiten nach dem Rügener Inklusionsmodell unterrichtet werden.

Aus Gründen der besseren Lesbarkeit wird für Personen und Berufsbezeichnungen überwiegend die maskuline Form verwendet, wobei die feminine Form selbstverständlich eingeschlossen ist.

2 Die Sprachentwicklung und ihre Bedeutung für das weitere Leben und Lernen

Eine besonders bedeutsame Entwicklungsaufgabe im Kindesalter ist der Erwerb der sprachlichen Fähigkeiten. Die meisten der monolingual aufwachsenden Kinder durchlaufen eine ungestörte Sprachentwicklung, jedoch ist mit einer Häufigkeit von 5 bis 8 % kein anderer Bereich so oft von Störungen betroffen, wie die Sprachentwicklung (Grimm, 2003). Da das Erlernen der Sprache auch für weitere Entwicklungsbereiche grundlegend ist, zeigen sich eine Vielzahl von nachfolgenden oder begleitenden Problemen, die besonders die kognitive, emotionale und soziale Entwicklung betreffen. Lehrkräfte sollten wissen, dass das schulische Lernen durch eine Sprachentwicklungsstörung umfassend beeinträchtigt sein kann (u. a. Gasteiger-Klicpera & Klicpera, 2005; Mahlau, 2008; Ritterfeld, Starke, Röhm, Latschinske, Wittich & Moser Opitz, 2013; Schröder & Ritterfeld, 2014). So zeigen sich bei gut 50 % der Kinder mit umschriebenen Sprachentwicklungsstörungen Probleme beim Erlernen der Schriftsprache (Arand, 1998; Gasteiger-Klicpera & Klicpera, 2005), der Mathematik (Ritterfeld et al., 2013) und im allgemeinen Erwerb und Anwenden von Wissen (Dannenbauer, 2009; Mahlau & Jeschke, 2014). Viele der Kinder sind doppelt oder sogar dreifach beeinträchtigt (Mahlau & Jeschke, 2014). Bei ein und demselben Kind können sowohl die Sprachentwicklung als auch der Schriftspracherwerb als auch das allgemeine schulische Lernen als auch der emotional-soziale Bereich betroffen sein.

Zudem sind Kinder mit umschriebenen Sprachentwicklungsproblemen einem erhöhten Risiko für soziale und emotionale Störungen ausgesetzt. Davon ist nach Angabe von Grimm (2003) ein erheblicher Anteil – zwischen 40 % und 80 % – betroffen. Die Kinder zeigen neben den Sprachentwicklungsproblemen Auffälligkeiten in der Aufmerksamkeit, im Sozialverhalten und in der emotionalen Grundstimmung (Amorosa, 2008). Lehrkräfte sollten weiterhin wissen, dass Kinder mit Sprachentwicklungsstörungen Schwierigkeiten haben, Freunde zu finden und Freundschaften zu halten (Durkin & Conti-Ramsden, 2007). Sie gehören zu den sozial am wenigsten integrierten Kindern (Mahlau & Salzberg-Ludwig, 2015).

Im Folgenden soll nun der normale sprachliche Entwicklungsstand von Kindern im Grundschulalter beschrieben werden, anschließend wird vergleichend auf den gestörten Sprachentwicklungsverlauf eingegangen.

2.1 Die normale Sprachentwicklung

Der Erwerb der Sprache ist ein äußerst komplexer Vorgang. Es werden nicht nur Fähigkeiten zur Bildung aller Laute der Muttersprache erworben, sondern auch viele Wörter der Umgebungssprache, Kenntnisse darüber, wie Sätze korrekt gebaut werden, und Kompetenzen des Erzählens und Beschreibens. Ziel der Sprachentwicklung ist es, mit anderen Personen verbal in Beziehung zu treten, also zu kommunizieren. Damit ist es möglich, Wünsche und Informationen anderen mitzuteilen, sich als sozial kompetent und anerkannt zu erleben und sich selbst zu verwirklichen.

Die sprachliche Umgebung des Kindes hat einen hohen Einfluss auf seine Sprachentwicklung. Studien zeigen, dass Kinder mit weniger oder ungünstiger Sprachanregung, z. B. aus bildungsfernen Elternhäusern oder mit Migrationshintergrund, später mit dem aktiven Spracherwerb beginnen, weniger Wörter erwerben und damit ein höheres Risiko haben, sprachliche Störungen zu entwickeln, als andere Kinder (Grimm, 2003).

In der Linguistik (Braun, 2005) differenziert man »Sprache« in vier Ebenen (▶ Tab. 1). Diese bilden die Grundlagen, um Sprache hinsichtlich ihrer Struktur und Funktion zu beschreiben, und dienen gleichzeitig dem Ableiten von diagnostischen und von Fördermaßnahmen (Mahlau & Herse, 2017; Reber & Schönauer-Schneider, 2017; 2014). Sprache lässt sich in die Ebenen der Aussprache, des Wortschatzes, der Grammatik und der Kommunikation systematisieren. Jede Ebene teilt sich nochmals in zwei weitere Unterebenen sowie in die aktive (produktive) und passive (rezeptive) Dimension. Bei der aktiven Sprachverwendung, der Sprachproduktion, geht es darum, was das Kind selbst aktiv zu äußern vermag. Wie groß ist der von ihm beim Sprechen verwendete Wortschatz, welche Laute kann es produzieren, welche Satzformen bildet es schon? Das Sprachverständnis, die rezeptive Seite der Sprache, gibt uns Hinweise darauf, ob das Kind versteht, was andere Personen sagen.

Tab. 1: Die Sprachebenen – Inhalt und Beispiele

Sprachebene	Unterebene	Fähigkeit	Beispiel
Aussprache	Phonetik	Fähigkeit, die korrekte motorische Bewegungsabfolge, mit der die einzelnen Laute und Lautverbindungen gebildet werden, abzurufen	Der Laut [d] wird gebildet, indem die Zungenspitze hinter den Zähnen liegt und unter Einbezug der Stimme (= stimmhaft) weggeschnellt wird.
	Phonologie	Fähigkeit, Laute wahrzunehmen und von anderen Lauten zu unterscheiden	Es werden bedeutungsunterscheidende Merkmale in Wörtern erkannt, z. B. Kir*sche* und Kir*che*, Pass und Bass, weiß und weich.
Wortschatz	Semantik	Fähigkeit, die Bedeutung von sprachlichen Äußerungen, wie Wörtern und Sätzen, zu erfassen	Das Wort »Schule« ist assoziiert mit »Spaß«, »Frust«, »lernen«, »Freunde treffen«, »Lehrer«, »Hausaufgaben machen«, »Lernangst« usw.
	Lexikon	Fähigkeit, den Wortschatz lautlich korrekt	Das Wort Schule besteht aus vier Lauten: ʃ-u -l- .

Tab. 1: Die Sprachebenen – Inhalt und Beispiele – Fortsetzung

Sprach-ebene	Unterebene	Fähigkeit	Beispiel
		zu speichern (inhaltliche Nähe zur Phonologie)	
Grammatik	Morphologie	Fähigkeit, Worte zu verändern, z. B. Flexionen (Deklination und Konjugation) und Wortbildungen (Derivation und Komposition)	Die Pluralmarkierungen verschiedener Nomen lauten: ein Auto – viele Autos, eine Schule – viele Schulen – eine Mutter – viele Mütter usw.
	Syntax	Fähigkeit, Worte zu korrekten Sätzen zusammenzustellen	Nora fährt mit dem Skateboard. (korrekt) Nora mit dem Skateboard fahren. (falsch)
Pragmatik	Kommunikation	Fähigkeit, aus verbalen, nonverbalen, emotionalen und situativen Komponenten Informationen zu entnehmen und eigene Intentionen mitzuteilen	Kinder berichten über eine Begebenheit in der Pause oder sagen, dass sie Hunger oder Durst haben.
	Pragmatik	Fähigkeit, in einem sozialen Kontext sprachlich angemessen zu handeln	Auf Kritik reagieren Kinder unterschiedlich, je nachdem, ob sie von der Lehrkraft kommt, oder ob die Eltern oder Geschwister sie äußern.

Kenntnisse über die sprachlichen Ebenen sind bedeutsam, wenn beurteilt werden soll, ob Kinder über eine altersgerechte Sprachentwicklung verfügen, oder ob möglicherweise Probleme im Spracherwerb vorliegen. Was sollte ein Kind sprachlich können, wenn es in die Schule kommt? Ein körperlich und psychisch altersgerecht entwickeltes Kind, das in einer entwicklungsgünstigen Umwelt aufgewachsen ist, sollte mit sechs Jahren seine Muttersprache im Wesentlichen produktiv und rezeptiv verinnerlicht haben. In der Infobox 1 wird das zu erwartende sprachliche Können von Schulanfängern zusammengefasst, bevor im nächsten Abschnitt auf die umschriebene Spracherwerbsstörung eingegangen wird.

Infobox 1: Sprachliche Fähigkeiten von Schulanfängern

- Auf der Ebene der Aussprache sollten alle Laute und Lautverbindungen korrekt gebildet werden können. Auch Zischlaute und schwierige Konsonantenverbindungen wie [kr] oder [gl] müssen die Kinder korrekt aussprechen. Laut(fehl)bildungen, die offensichtlich durch den Zahnwechsel verursacht sind ([s]-Laute), werden erst nach dem vollständigen Auswachsen der vorderen Schneidezähne beurteilt.
- Im Bereich des Wortschatzes haben die Kinder ca. 2.500 bis 3.000 Wörter durch Wissenszuwachs und die Anwendung von Wortbildungsregeln erlernt. Sie sollten sich differenziert ausdrücken können, also auch Wörter, die semantisch aus einem Wortfeld kommen und sich nur gering unterscheiden (laufen, rennen, schlendern, wandern, gehen), aktiv korrekt verwenden.
- Im Bereich der Syntax kann ein ca. sechsjähriges Kind in seiner Muttersprache komplexe Satzkonstruktionen verstehen und bilden. Dazu gehören längere Hauptsätze sowie Nebensatzstrukturen. Auch im Bereich der Morphologie sind Wortableitungen der Pluralbildung, der Akkusativ- und zunehmend auch der Dativbildung zu erwarten.
- Auf der Ebene der Kommunikation und Pragmatik sollte es eigene Gedanken für andere nachvollziehbar ausdrücken und Geschichten nacherzählen können. Weiterhin kann es – abhängig von individuellen Erfahrungen – abstrakte Bedeutungen und sprachliche Hintergründigkeiten (Witz, Ironie, Sarkasmus) verstehen (Rosenkötter, 2008).

2.2 Welche sprachlichen Probleme erschweren Kindern mit Sprachentwicklungsstörungen das Lernen? – Die gestörte Sprachentwicklung

2.2.1 Umschriebene Spracherwerbsstörungen

Definition und Prävalenz

Die umschriebenen Spracherwerbsstörungen werden nach der ICD-10-GM (*International Classification of Diseases and Releated Health Problems*, 10. Revision; Deutsches Institut für Medizinische Dokumentation und Information [DMDI], 2017) als eine Entwicklungsstörung definiert, bei der die Fähigkeit des Kindes, die expressiv und rezeptiv gesprochene Sprache zu gebrauchen, deutlich unterhalb des seinem Intelligenzalter angemessenen Niveaus liegt. Dabei sind die normalen Spracherwerbsverläufe von frühen Entwicklungsstadien an beeinträchtigt. Unter der Kennnummer F80.- wird eine Reihe von Ausschlusskriterien benannt. So werden Kinder ausgeschlossen, bei denen die Ursache für ihre Sprachstörung nicht direkt mit neurologischen Beeinträchtigungen in Verbindung gebracht werden kann (z. B. Aphasien), im sensorischen Bereich (z. B. hör- oder sehbeeinträchtigte Kinder) oder in den nonverbalen kognitiven Fähigkeiten (z. B. durch eine kognitive Beeinträchtigung) oder in auffälligen emotionalen Störungen bzw. Problemen in den zwischenmenschlichen Beziehungen (z. B. eine schwere Verhaltensstörung) begründet ist. Die ICD-10-GM unterscheidet die Artikulationsstörung, die expressive und die rezeptive Spracherwerbsstörung. Umschriebene Spracherwerbsstörungen können von auditiven Verarbeitungs- und Wahrnehmungsstörungen begleitet werden. Für den deutschsprachigen Raum konnte Grimm (2003) anhand unterschiedlicher linguistischer Analysen zeigen, dass betroffene Kinder strukturell abweichende Sätze produzieren, die im normalen Sprachentwicklungsverlauf nicht vorkommen. Auch für Fromm, Schöler und Scherer (1998) ist die Sprachentwicklungsstörung die »Folge eines qualitativ andersartigen, gestörten Spracherwerbs« (ebd., S. 22), der nicht als Verzögerung anzusehen ist.

Im *Diagnostic and Statistical Manual of Mental Disorders* (DSM-5) der *American Psychiatric Association* (APA; Saß, Wittchen, Zaudig & Houben, 2003) werden expressive und gemischt expressiv-rezeptive Sprachdefizite unter dem Störungsbild *Language Disorder* zusammengefasst. Beide Sprachdimensionen, die expressive und auch die rezeptive Fähigkeit, müssen diagnostisch erfasst werden, um das Störungsbild ausreichend darzustellen (APA; Saß et al., 2003). Neben Störungen in der Artikulation sowie im Sprachverständnis und in der Sprachproduktion zeigen betroffene Kinder Probleme in den pragmatischen Fähigkeiten. Die Kinder können Schwierigkeiten in der sozialen Interaktion aufweisen, wobei das Ausmaß der Beeinträchtigung jedoch nicht die Kriterien einer Autismusspektrumsstörung erfüllen darf (Conti-Ramsden & Durkin, 2012). Im Gegensatz zur ICD-10-GM differenziert die DSM-5 Probleme in der verbalen und nonverbalen Kommunikation als *Social (Pragmatic) Communication Disorder*.

Eine für das Handlungsfeld »Unterricht und schulische Förderung« sehr wertvolle Ergänzung ist die Internationale Klassifikation der Funktionsfähigkeit, Behinderung und Gesundheit bei Kindern und Jugendlichen (*International Classification of Functioning, Disability and Health. Children & Youth Version*; ICF-CY). Aufbauend auf den ICD-10-GM-Diagnosen ermöglicht die ICF-CY die Erfassung von Störungen mit Körperfunktionen und -strukturen, Einschränkungen der Aktivität und der Teilhabe sowie relevanter Umweltfaktoren und ist speziell auf die Besonderheiten des Kindes- und Jugendalters ausgerichtet (Hollenweger & Kraus de Camargo, 2013). So kann die individuelle Problematik eines Kindes auf kognitiver, körperlicher oder sozialer Ebene beschrieben werden, um die Spracherwerbsstörung aus einer umfassenden Perspektive heraus zu verstehen. Neben rein sprachlichen Defiziten werden so auch andere, gleichzeitig auftretende Beeinträchtigungen und ihre kumulativen Effekte sichtbar (Campbell & Skarakis-Doyle, 2007; Dempsey & Skarakis-Doyle, 2010). So ziehen umschriebene Entwicklungsstörungen des Sprechens und der Sprache oft sekundäre Folgen nach sich, wie Schwierigkeiten beim Lesen und Rechtschreiben, Störungen im Bereich der zwischenmenschlichen

2.2 Die gestörte Sprachentwicklung

Beziehungen, im emotionalen und Verhaltensbereich (Deutsches Institut für Medizinische Dokumentation und Information [DIMDI], 2017).

Von einer umschriebenen Störung des Sprechens und der Sprache sind laut einschlägiger Studien zwischen 2 % und 30 % aller Kinder betroffen (von Suchodoletz, 2013). Bei Anwendung der Kriterien aus der ICD-10-GM (DIMDI, 2017) kann von einer Prävalenz von 5 % bis 8 % ausgegangen werden. In vergleichbarer Weise finden sich Angaben für die Kriterien des DSM-5 mit 5 % für umschriebene Störungen der Sprachproduktion und 3 % mit zusätzlichen Problemen im Bereich des Sprachverständnisses. Dabei sind Jungen häufiger betroffen als Mädchen. In einer Untersuchung von Tomblin, Records, Buckwalter, Zhang, Smith und O'Brien (1997) zeigten sich bei 6 % der Mädchen und bei 8 % der Jungen Störungen in der Sprachentwicklung.

Ursachen

Die Ursachenforschung zeigt, dass sich die Sprachentwicklungsstörung insbesondere auf unzureichende phonologische Informationsverarbeitungsleistungen zurückführen lässt (Grimm, 2003; Häring, Schakib-Ekbatan & Schöler, 1997; Schöler & Schakib-Ekbatan, 2001). Locke (1997) entwickelte eine international anerkannte Theorie zur Erklärung des normalen wie auch des gestört verlaufenden Spracherwerbs. Zur Erklärung des Letzteren stellt der Übergang von der zweiten zur dritten Phase den kritischen Zeitpunkt dar (Dannenbauer, 2001a; Grimm, 2003), wenn es zu einem Aktivitätswechsel der beiden Hemisphären kommt. Während in den ersten beiden Phasen die rechte Hemisphäre die Speicherung prosodischer Informationen und unanalysierter prosodischer Muster als Sprachmaterial übernimmt, wird im Alter zwischen 20 und 28 Monaten die linke Hemisphäre aktiv. Deren Aufgabe ist es, das bisher erlernte und rechtshemisphärisch abgespeicherte sprachliche Material zu analysieren, um allgemeingültige sprachkombinatorische Regeln abzuleiten. Während ein sprachlich normal entwickeltes Kind zu diesem Zeitpunkt mindestens 50 Wörter aktiv verwendet, welche somit der linken Hemisphäre zur Analyse und Regelinduktion zur Verfügung stehen, haben umfassend sprachentwicklungsgestörte Kinder weitaus weniger Wörter und sprachliche Ganzheiten erlernt. Diese Kinder nennt man im englischen Sprachraum *late talkers* (Grimm, 2003, Kannengieser, 2012). So verwenden Kinder mit Sprachentwicklungsstörungen im Alter von 2;0 Jahren noch unter 20 Wörter, mit 2½ Jahren ca. 90 Wörter und mit 3;0 Jahren knapp 200 Wörter (Braun, 1999). Es gelingt den betroffenen Kindern nicht, den verspätet beginnenden Spracherwerb aufzuholen. Zwischen den Entwicklungsverläufen der sich sprachlich normal entwickelnden und der Kinder mit Spracherwerbsstörungen zeigt sich ein scherenartiger Verlauf (Grimm, 2003), d. h., dass der Abstand der sprachlichen Leistungsfähigkeit zwischen den durchschnittlich entwickelten und den Kindern mit Sprachentwicklungsstörungen immer größer wird. Besonders problematisch ist, dass der Wortschatzspurt bei den *late talkern* ausbleibt. So konnten Rescorla und Team (2000) in einer Studie zeigen, dass die *late talkers* die 50-Wort-Grenze erst ca. zehn Monate später erreichen. Folglich fehlt die Grundlage für die Analyse und Regelinduktion in der linken Hemisphäre. Da das Einsetzen der Aktivität der linken Hemisphäre jedoch genetisch festgelegt ist, sprich an ein Zeitfenster bis zum ca. 28. Lebensmonat gebunden ist, wird der optimale Zeitpunkt von den Kindern verpasst. Der unzureichende bzw. verzögerte Aufbau des Lexikons könnte das »Initialsymptom« (Kauschke, 2000, S. 206) für eine umschriebene Spracherwerbsstörung sein, die innerhalb der weiteren Sprachentwicklung zu Störungen auch auf anderen sprachlichen Ebenen führt (Mahlau, 2016a).

Symptomatik und Verlaufsformen

Rothweiler (2001a) nimmt an, dass ein Kind mit Spracherwerbsstörung eine »typische Sprachstörungskarriere« durchläuft. Auf der Grundlage der Theorie von Locke (1997) lassen sich erste Symptome bereits vor dem eigentlichen Spracherwerb erkennen. Sprachrelevante Operationen der Kognition, wie die Fähigkeiten zur Objektkategorisierung, zum Merken von Sprache und konventionalisierten Gesten, werden nicht oder viel später erlernt (Grimm, 2003). Der verspätete Wortschatzerwerb könnte für weitere, nachfolgende Probleme auf der semantisch-le-

2.2 Die gestörte Sprachentwicklung

xikalischen Ebene verantwortlich sein (Kauschke, 2000; Rothweiler, 2001a), von denen ca. 23 % bis 40 % der Kinder mit Spracherwerbsstörung betroffen sind (Motsch & Ulrich, 2012). Darüber hinaus zeigen sich auch auf den Ebenen der Aussprache, der Grammatik und der Pragmatik unterschiedliche Symptome. Elsen (1999) konnte bei sprachlich normal entwickelten Kindern zeigen, dass der Wortschatzspurt erst einsetzt, wenn eine gewisse Komplexität im Bereich der Phonologie (Laute, Silben, Akzentstruktur) beherrscht wird. Da aufgrund des sehr geringen Wortschatzes bei Kindern mit Spracherwerbsstörungen auch die phonologische Entwicklung beeinträchtigt ist, fallen in der Folge sehr früh Probleme im phonetisch-phonologischen Bereich auf, wie inkonsistent verwendete Wortformen und eine sehr lang anhaltende unverständliche Aussprache (Fox, 2007). So liegt die Vermutung nahe, dass die Verarbeitungsdefizite auf der Ebene der Aussprache, neben der lexikalischen Problematik, den weiteren Verlauf des Spracherwerbs zusätzlich negativ beeinflussen. Der Sprachrückstand zeigt sich in den nachfolgenden Jahren v. a. im Bereich der Syntax und der Morphologie. Die auch als »Dysgrammatismus« bezeichnete Symptomatik kann über Jahre hinweg das Erscheinungsbild einer umschriebenen Spracherwerbsstörung so stark prägen, dass sie das einzige Problem mancher Kinder zu sein scheint (Dannenbauer, 2001b; Mahlau, 2016a).

Im Schulalter stellt der Erwerb der Schriftsprache die Kinder dann vor weitere massive Probleme (Rothweiler, 2001a). In Längsschnittstudien konnte gezeigt werden, dass Kinder mit signifikant geringeren sprachlichen Leistungen in allen Bereichen des primär- und schriftsprachlichen Lernens bis ins Jugend- und Erwachsenenalter hinein beeinträchtigt sind (Aram, Ekelman & Nation, 1984; Stothard, Snowling, Bishop, Chipchase & Kaplan, 1998). Es ist von einer generalisierten Entwicklungsstörung auszugehen, die sich in einer erheblichen Anzahl von Nachfolgeproblemen und Sekundärsymptomatiken zeigt. Dabei ändert sich der Charakter des Störungsbildes von einem isolierten zu einem komplexen Erscheinungsbild mit Leistungsproblemen in weiteren Bereichen.

Im folgenden Abschnitt sollen nun Störungen auf den unterschiedlichen sprachlichen Ebenen im Überblick dargestellt werden.

2.2.2 Basisinformationen zu den Störungen auf den unterschiedlichen sprachlichen Ebenen

Aussprachestörungen

Störungen der Aussprache werden von Lehrkräften schnell erkannt und stellen oft eine Teilsymptomatik bei umschriebenen Spracherwerbsstörungen dar. Zu Beginn des Schulalters haben ca. 6 % bis 8 % aller Kinder Aussprachestörungen gemeinsam mit weiteren Symptomen auf den Sprachebenen des Wortschatzes, der Grammatik oder der Pragmatik. Zusätzlich sind 10 % der Kinder von isolierten Aussprachestörungen betroffen. Ein Viertel aller Schulanfänger hat Probleme beim Aussprechen der [s]-Laute (Weinrich, 2013).

Der Begriff »Aussprachestörung« wird verwendet, wenn Probleme bei der Bildung oder im Gebrauch von Lauten auftreten. Es lassen sich die phonetische und die phonologische Störung unterscheiden. Beide Formen können auch als phonetisch-phonologische Störung kombiniert auftreten (▶ Abb. 2).

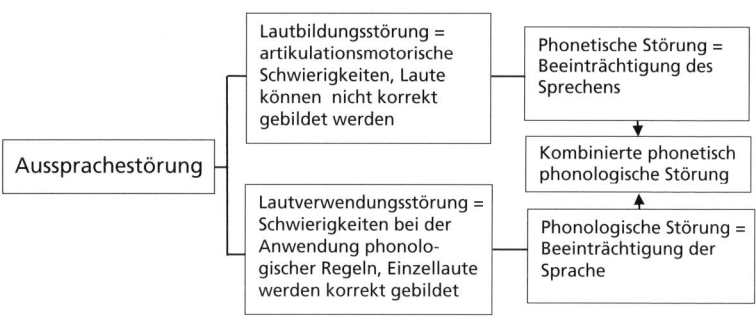

Abb. 2: Einteilung der Aussprachestörungen (leicht modifiziert aus Weinrich & Zehner, 2011, S. 2–3)

Wenn die betroffenen Laute motorisch nicht richtig gebildet werden können, bezeichnet man dies als *phonetische Störung*. Dabei handelt es sich um eine Lautbildungsstörung bzw. Sprechstörung: die innere lautliche Präsentation ist zwar beim Kind richtig gespeichert, es kann

2.2 Die gestörte Sprachentwicklung

aber den betroffenen Laut nicht isoliert oder in Lautverbindungen korrekt aussprechen. Häufig werden die Ziellaute durch früher erlernte und daher motorisch einfacher zu bildende Laute oder durch Laute, die nicht in der Muttersprache vorkommen, ersetzt. Zu den häufigsten phonetischen Störungen im Schulalter zählen Sigmatismen (Fehlbildungen der Laute [s] und [z]), Schetismen (Fehlbildungen des [ ] wie in »Schule«), Rhotazismen (Fehlbildungen des [r]) und Kappa- und Gammazismen (Fehlbildungen des [k] und des [g]). Nach Fox (2007 in Weinrich, 2013) gelten als rein phonetische Störungen nur Sigmatismen und Schetismen, alle anderen Symptomatiken sind mit einer phonologischen Störung verbunden.

Eine *phonologische Störung* weisen Personen auf, die phonologische Einheiten, die Phoneme, nicht korrekt voneinander unterscheiden können. Dabei erfolgt eine falsche Verwendung des betroffenen Lautes, obwohl er isoliert korrekt gebildet werden kann (Lautverwendungsstörung). Diese Symptomatik wird als »phonologischer Prozess« bezeichnet. Phonologische Prozesse sind im normalen Spracherwerb bei Kindern bis ungefähr fünf Jahren entwicklungsnormal. Spätestens im frühen Grundschulalter sollte die Sprache eines Kindes, bis auf Vereinfachungen von schwierigen Wörtern (z. B. bei Mehrfachkonsonanz wie in »*Straße*«), keine phonologischen Prozesse mehr aufweisen. Sprachwissenschaftlich lassen sich Veränderungen bei Silbenstrukturen (sogenannte Silbenstrukturprozesse) systematisieren. So werden Auslassungen, Einfügungen oder Umstellungen von Wörtern, Ersetzungsprozesse, bei denen der Artikulationsort, die Artikulationsart oder die Stimmeigenschaft von Lauten verändert werden, und Harmonisierungsprozesse, die Laute an die vorher oder nachher gesprochenen Laute angleichen (z. B. Vati wird zu Tati), unterschieden (Braun, 2005).

Um Kinder mit Aussprachestörungen im Unterricht ausreichend zu fördern, sollten besondere Förderelemente eingesetzt werden. Geeignet sind Situationen, in denen die Kinder über die Lautlichkeit, also die Phonologie, der Sprache bewusst reflektieren müssen. Das Bewusstmachen und Erkennen von lautlichen Einheiten wird auch als »metaphonologische Fähigkeit« oder »phonologische Bewusstheit« bezeichnet. Die Berücksichtigung metaphonologischer Fähigkeiten findet sich in zahlreichen sprachtherapeutischen Ansätzen wieder (z. B. Fox, 2007; Jahn, 2001).

Wortschatzstörungen

Nach Glück (2003) handelt es sich bei Störungen des Wortschatzerwerbs um die Teilsymptomatik einer übergreifenden Spracherwerbsstörung, nicht um ein eigenständiges Störungsbild, welche nach Gieseke und Harbrucker (1991) bei ca. 30 % aller Grundschulkinder, mehr als der Hälfte aller Kinder in Sprachheilschulen und bei ca. 40 % aller Kinder mit dem sonderpädagogischen Förderschwerpunkt Lernen vorkommt.

Störungen des Wortschatzes, auch semantisch-lexikalische Störungen genannt, liegen bei Personen vor, denen es nicht gelingt, sich so auszudrücken, dass sie von anderen Menschen verstanden werden. Dabei kann ihnen zum einen die Bedeutung der Wörter nicht oder nicht vollständig bekannt sein. Zum anderen können sie die Wörter nicht korrekt aus dem Gedächtnis abrufen (Glück, 2003).

Um Wortschatzstörungen umfassend darstellen zu können, entwickelte Levelt (1989) ein Modell über die Speicherung des Wortschatzes im Gedächtnis, das sogenannte »mentale Lexikon«. In diesem Modell sind die Einträge im mentalen Lexikon in zwei unterschiedliche Repräsentationen strukturiert: in die Lemma- und in die Lexem-Ebene. Die *Lemmaebene* enthält die bedeutungshaltigen (semantisch-konzeptuellen) und syntaktischen Aspekte, die *Lexemebene* die morphologischen und phonologischen Inhalte des Wortwissens.

Die Bedeutung (*Semantik*) ist dabei mit Wissen über ein bestimmtes Wort gefüllt, so dass dies bei entsprechender Aktivierung ausgewählt wird. So könnte das Wort »Studium« u. a. mit den Eintragungen »anstrengend, Modulprüfungen, Semester« gefüllt sein. Die *Syntax* beinhaltet eine Anzahl syntaktischer Eigenschaften, z. B. hinsichtlich der Wortarten (Studium – *Nomen*, studieren – *Verb*). Die *Phonologie* umfasst die Eigenschaften über die Lautstruktur des Wortes, wie z. B. über Silbenanzahl oder Akzentstruktur. Das Beispiel »Studium« enthält drei Silben und eine etwas stärkere Betonung der ersten Silbe. Die *Morphologie* berücksichtigt Stamm- und Flexionsformen, beispielsweise ist »Studium«

2.2 Die gestörte Sprachentwicklung

als Nomen nicht veränderbar, das Verb »studieren« aber schon. Alle Informationsmöglichkeiten über ein Wort sind intern miteinander verflochten. Diese Verbindungen bewirken unterschiedliche Beziehungen zwischen den einzelnen Eintragungen (Schrey-Dern, 2006). All diese Bereiche können nach dem Modell des mentalen Lexikons von Störungen betroffen sein. Kauschke und Rothweiler (2007) unterscheiden zwei wesentliche Formen lexikalischer Störungen. Bei vielen Kindern mit Wortschatzstörungen liegt ein quantitatives Problem vor, dabei ist der Wortschatzumfang zu gering. Das bedeutet, dass das Kind zu wenige lexikalische Einträge in seinem mentalen Lexikon speichert. Weiterhin kann ein qualitatives Defizit auffällig werden. Der Wortabruf funktioniert nicht richtig, wobei die Ursache in der unvollständigen Speicherung von semantischen (Lemmaebene) oder phonologischen Merkmalen (Lexemebene) oder auch in einer zu geringen Vernetzung der eingetragenen Lexeme liegen kann (Glück, 2010; Kannengieser, 2012; Motsch & Ulrich, 2012). So bringt ein Kind beispielsweise den Begriff »Ente« lediglich mit seinem Badetier in Verbindung, aber nicht mit dem realen Tier. Dies spiegelt sich bereits in der rezeptiven Modalität wieder, in dem die Identifizierung von Wörtern nicht gelingt. Die betroffenen Kinder zeigen folglich ein eingeschränktes Sprachverständnis. Weitere Symptome, v. a. im Bereich der Sprachproduktion, sind nach Rothweiler (2001b) falsche Antworten, unvollständige Phrasen mit Selbstkorrekturen, Ersetzungen, Wortneuschöpfungen, Umschreibungen, unkonkrete Wörter (»Dings«), Füllelemente (»hm, ähm, ...«), Initiatoren (»und dann«), Wiederholungen, verzögerte Antworten, Stereotype (»Weiß ich nicht.«) und Vermeidungsverhalten bis hin zum Schweigen. Einige Kinder machen Bemerkungen über das eigene auffällige Wortfindungsverhalten (»Wie heißt das gleich noch?«) und entwickeln ein Störungsbewusstsein.

Lexikalische Probleme führen nicht selten zu einer charakteristischen Begleit- und Folgesymptomatik. So zeigen die Kinder ein geringes Neugierverhalten und fragen kaum nach, wenn sie Wörter nicht verstanden haben. Dies betrifft auch das Sprach- und Leseverständnis in allen schulischen Fächern, insbesondere die Fremdsprachen (Glück, 1998).

Daher sollte die Wortschatzförderung im Unterricht ganz besonders beachtet werden. Nach Reber und Schönauer-Schneider (2014) stellt die unterrichtsimmanente Förderung des Wortschatzes ein zentrales Prinzip des (inklusiven) Unterrichts mit spracherwerbsbeeinträchtigten Kindern dar.

Grammatikstörungen

Störungen beim Erwerb grammatischer Regeln und grammatischen Wissens werden – wie oben bereits erwähnt – international als bedeutsamer Marker einer umschriebenen Spracherwerbsstörung angesehen (Leonard, 1997). Dabei erwerben Kinder mit grammatischen Störungen die korrekten morphologischen und syntaktischen Fähigkeiten ihrer Muttersprache nicht altersgemäß (Motsch, 2010). Wie auch schon bei den Störungen des Wortschatzes beschrieben, liegt bei der Mehrzahl aller betroffenen Kinder die grammatische Störung als Teilsymptomatik einer übergreifenden Spracherwerbsstörung vor. Die Häufigkeit des Auftretens grammatischer Störungen ist nicht eindeutig bestimmbar. Grimm (2003) geht davon aus, dass ca. 7 % aller Kinder betroffen sind und dabei – wie auch bei anderen Entwicklungsstörungen – Jungen häufiger Auffälligkeiten zeigen als Mädchen. Untersuchungen zeigen Geschlechterverhältnisse von 2:1 bis 4:1.

Der Grammatikerwerb kann in einzelnen oder mehreren Bereichen zeitlich retardiert oder qualitativ abweichend sein, so dass das Erscheinungsbild vielfältig sein kann. Im Deutschen sind besonders Auffälligkeiten im Bereich der Wortbildung (Morphologie), weniger im Bereich der Syntax, beschrieben (Riehemann, 2016).

Bereits vor dem dritten Geburtstag können Kinder dysgrammatische Symptome zeigen, wie z. B. die falsche Abspeicherung des Geschlechts, was wiederum zu Problemen in der Kasusmarkierung führt. Häufig haben die Kinder keine oder eine zu ungenaue Abspeicherung von Wörtern, die ein bestimmtes Merkmal enthalten (z. B. die Pluralendung [en]). Sie sind dann nicht in der Lage, Regeln zu erkennen und diese auf bisher unbekanntes Wortmaterial anzuwenden (Motsch, 2013). In der Infobox 2 sind die Symptome einer Störung im Bereich der Grammatik aufgeführt.

2.2 Die gestörte Sprachentwicklung

Infobox 2: Symptome im Bereich der Grammatikstörungen

Symptome im morphologischen Bereich

- fehlende oder falsche Bildung der Subjekt-Verb-Kongruenz (z. B. »ich essen« statt »ich esse«)
- Übergeneralisierungen und falsche Bildung des Plurals (z. B. »Zugs« statt »Züge«)
- falsche Verwendung des Genus (z. B. »das Bank« statt »die Bank«)
- falsche Verwendung des Kasus (v. a. des Dativs; z. B. »mit den Kind« statt »mit dem Kind«)
- Formveränderungen der flektierbaren Wortarten (Substantive, Verben, Adjektive, Pronomen, Numerale, Artikel)

Symptome im syntaktischen Bereich

- keine regelhafte Bildung der Wort- und Satzfolge
- fehlende Verbendstellung
- Auslassen oder Umstellen des Subjekts
- Auslassen oder Umstellen grammatischer Funktionswörter (Präpositionen, Artikel, Konjunktionen)
- Verwendung sehr einfacher und starrer Satzmuster noch im Schulalter
- keine oder falsche Bildung komplexerer Satzstrukturen wie Frage- und Nebensätze (Dannenbauer, 2002; Grimm, 2003; Motsch, 2010; 2009; Wendlandt, 2006)

Die grammatische Entwicklung sollte jedoch auch nicht überschätzt werden. Die Annahme, dass Kinder im Alter von vier Jahren bereits komplexe grammatische Strukturen wie die Kasusmorphologie aktiv und korrekt verwenden (Szagun, 2007), ist durch Studien (Maiworm, 2008; Popella, 2005) an über 150 sprachunauffälligen, monolingual deutschsprachigen Erstklässlern in Frage gestellt worden. Es zeigte sich, dass auch noch viele sechs- bis siebenjährige sprachunauffällige Kinder Unsicherheiten bei der Anwendung der Kasusregeln haben (Motsch, 2009).

Es wird jedoch deutlich, dass Kinder mit einer umfassenden Störungssymptomatik im Bereich der Grammatik besonders schwer sprachlich beeinträchtigt sind. Darüber hinaus weisen Kinder mit grammatischen Defiziten häufig Probleme beim Schriftspracherwerb und Schwierigkeiten im Sprach- und Leseverständnis auf (Catts, Fey, Zhang & Tomblin, 2002; Motsch, 2010).

Störungen der Pragmatik

Wenn das Erzählen von erlebten Situationen oder die Beschreibung von Geschichten für den Zuhörer nicht verständlich sind und das Kind auf Fragen unkonkrete Antworten gibt, können Störungen der Kommunikation und der Pragmatik vorliegen. Dabei sind sowohl die sprachliche als auch die nonverbale Kommunikation (Mimik und Gestik) eingeschränkt (Kannengieser, 2012).

Kinder im mittleren Grundschulalter verfügen in aller Regel bereits über umfangreiche kommunikativ-pragmatische Fähigkeiten. In der Spracherwerbsforschung wird der Erwerb dieser Fähigkeiten durch Entwicklungsstufen beschrieben, die bereits im Säuglingsalter beginnen und bis zum Schulbeginn vervollkommnet werden. Sie haben konventionelle Gesprächseröffnungen und eine kommunikative Erwartungshaltung gegenüber ihrem Gesprächspartner erworben, halten den Sprecherwechsel ein, korrigieren sich bei Nichtverstehen oder Nichtverstandenwerden und initiieren verschiedene Sprechakte, wie Bitten, Fragen oder Erklären. Mit Beginn der Grundschulzeit entwickelt sich auch die empathische Gesprächsführung, die es dem Kind ermöglicht, sich in die Rolle des Gegenübers zu versetzen und damit in eigenen Äußerungen dessen Einstellung zu übernehmen (Kannengieser, 2012; Schrey-Dern, 2006).

Aussagen zur Prävalenz einer isolierten pragmatisch-kommunikativen Störung sind in der Fachliteratur nicht zu finden. Eine erhöhte Auftretenswahrscheinlichkeit liegt bei Spracherwerbsstörungen vor, die mit sozial-emotionalen Folgestörungen einhergehen, z. B. bei stotternden Kindern, Kindern mit erheblichen Wortfindungs- und Wortabrufstörungen und mit einem eingeschränkten Sprachverständnis (Kannengieser, 2012).

2.2 Die gestörte Sprachentwicklung

Bedeutsam ist, dass sich Störungen der pragmatisch-kommunikativen Fähigkeiten in der Regel nicht außerhalb psychisch-emotionaler Störungen als Primärstörung feststellen lassen. Sie werden normalerweise als Sekundärstörung weiterer Entwicklungsauffälligkeiten deutlich und sollten als diese entsprechend von den Lehrkräften beachtet werden. So kommen pragmatisch-kommunikative Störungen im Kindesalter bei Aufmerksamkeits-Defizit-Syndrom, nach Schädel-Hirn-Trauma, bei Autismusspektrumsstörung, bei gravierenden sozial-emotionalen Entwicklungsstörungen (Angst, Aggressivität), bei kognitiven Einschränkungen, bei Hörbeeinträchtigungen und als Teilsymptomatik einer Spracherwerbsstörung vor. Entsprechend sind auch die Ursachen von pragmatisch-kommunikativen Auffälligkeiten in der Primärstörung zu suchen.

Symptomatisch lassen sich rein sprachlich-kommunikative Auffälligkeiten von Verhaltenssymptomen differenzieren (▶ Tab. 2).

Tab. 2: Symptome pragmatisch-kommunikativer Spracherwerbsstörungen

Symptomatik auf der Verhaltensebene	Symptomatik auf der Sprachebene
• fehlender Blickkontakt • Rückzug aus der Kommunikation • Ängstlichkeit • fehlendes Interesse an kommunikativen Situationen • fehlende oder unerwartete Handlung (Schrey-Dern, 2006)	fehlende Kompetenzen für das Führen von Gesprächen: • Störungen bei der Verarbeitung nonverbaler Signale (Gestik, Mimik, Prosodie) • extrem hohe Redeanteile und distanzloses Anreden • ständiges Unterbrechen des Gesprächspartners • eingeschränktes Eingehen auf das Gesprächsinteresse des Redepartners • stereotype oder redundante Äußerungen • Störungen in der Gewichtung von bedeutsamen und unbedeutenden Informationen (Kannengieser, 2012)

2 Bedeutung der Sprachentwicklung

Störungen des Sprachverständnisses

Amorosa und Noterdaeme (2002) sehen Störungen des Sprachverständnisses als gegeben an, wenn »eine Person nicht in einer seinem Alter und seiner Intelligenz angemessenen Weise Sprache aus den Wörtern und grammatischen Bezügen verstehen kann, sondern in unangemessener Weise den situativen Kontext und sein Weltwissen zur Interpretation des Gesagten heranziehen muss« (Amorosa & Noterdaeme, 2002, S. 9).

Sie sind bei mehr als der Hälfte aller Kinder mit umschriebenen Spracherwerbsstörungen zu beobachten. Sprachverständnisstörungen beeinflussen nicht allein die sprachliche, sondern die gesamte kognitive und emotionale Entwicklung des Kindes (Amorosa & Noterdaeme, 2002; Kannengieser, 2012). Jungen sind in einem Verhältnis von 2:1 häufiger betroffen als Mädchen.

Störungen des Sprachverständnisses werden auf der Wort-, Satz- und Textebene auffällig (nach Baur & Endres, 1999, zit. in Tack, 2016). In der Infobox 3 werden einige Symptome beispielhaft aufgelistet.

Infobox 3: Symptome im Bereich der Sprachverständnisstörungen

Symptome auf der Wortebene

Wörter werden

- ungenau verstanden (kein Unterschied von »ersuchen« und »versuchen«),
- eingeschränkt und rigide erfasst (krabbeln kann nur ein Baby, aber kein Insekt),
- unkorrekt verstanden,
- bei morphologischer Veränderung nicht mehr erkannt (laufen–lief),
- bei ähnlichem Klang nicht unterschieden (Gelächter–Geläster).

2.2 Die gestörte Sprachentwicklung

Symptome auf der Satzebene

Auf der Satzebene

- werden eingeschobene Informationen nicht verstanden (»Lege die Kreide, die neben der Tafel liegt, in die Kreidebox.«),
- beeinflussen Satzlänge und Satzkomplexität das Verständnis,
- finden Verstehensstrategien, wie die Schlüsselwortstrategie oder die pragmatische Strategie, keine, verzögert oder falsch Anwendung (Kannengieser, 2012, S. 303; Reber & Schönauer-Schneider, 2014, S. 166; Schrey-Dern, 2006, S. 17).

Symptome auf der Textebene

Symptome auf der Textebene erschweren grundsätzlich das Textverständnis (Baur & Endres, 1999), indem

- Handlungszusammenhänge in Texten nicht erkannt werden,
- zentrale Informationen nicht oder nur unvollständig erfasst werden,
- schlussfolgernde Fragen, die nicht wörtlich gegeben wurden, nicht beantwortet werden können,
- Warum-Fragen nach Handlungszusammenhängen ebenfalls nicht beantwortet werden können (Reber & Schönauer-Schneider, 2014, S. 167).

Sprachverständnisstörungen sind von den expressiven Störungen der Aussprache, des Wortschatzes und der Grammatik insofern abzugrenzen, als dass sie die rezeptive Seite einer Spracherwerbsstörung darstellen. Sie gilt als komplexe Sprachstörung, die vorrangig zu behandeln ist (Kannengieser, 2012).

Häufig beeinträchtigen komorbide Störungen, wie Probleme in der Feinmotorik und emotional-soziale Probleme, die Entwicklung der betroffenen Kinder. Weiterhin wirken sich rezeptive Sprachstörungen als Sekundärstörung ungünstig auf die soziale Interaktion sowie auf die schulische Entwicklung aus (Amorosa & Noterdaeme, 2002; Hachul & Schönauer-Schneider, 2012), wie im folgenden Abschnitt vertiefend erläutert wird.

2.3 Welche Bedeutung hat Sprache für den Unterricht der Grundschule?

Kinder mit umschriebenen Entwicklungsstörungen haben zusätzlich zu den sprachlichen Symptomen unspezifische Auffälligkeiten, die sich als deren Folge oder auch dazu parallel entwickeln können. Häufig werden eine geringe schulische Leistungsfähigkeit, Auffälligkeiten im emotionalen und sozialen Bereich oder kognitive Beeinträchtigungen beschrieben (Catts, Adlof & Weismer, 2006; Dannenbauer, 2009; Mayer, 2010).

Gerade bei Sprachentwicklungsstörungen, die mehrere Sprachebenen betreffen, kann es zu einer zunehmend komplexeren Entwicklungsstörung kommen. Neben den sprachlichen Auffälligkeiten treten dann weitere Begleit- und Folgestörungen auf, die die Entfaltung der Persönlichkeit lebenslang beeinträchtigen können. Das Störungsbild eines Kindes kann so starke Sekundärsymptome aufweisen, dass die Grundbehinderung im Bereich der Sprache nicht mehr als solche zu erkennen ist. Man spricht auch von einer »kumulativen Sekundärverzerrung des Symptombildes« (Kotten-Sederquist, 1982, S. 175), die sich insbesondere im Bereich des schulischen Lernens zeigt.

Kausal kann davon ausgegangen werden, dass Probleme in der Verarbeitung von sprachlichen Informationen gravierende Auswirkungen auf schulische Lernprozesse haben. Sprache und Schriftsprache sind gleichzeitig Gegenstand, Medium und Steuerungsmechanismus für die Inhalte aller Unterrichtsfächer. Kinder mit Sprachverständnis- und Sprachproduktionsstörungen haben für die Verarbeitung und Speicherung der sprachlichen Informationen eine zu geringe kognitive Kapazität. Sie können verbale Äußerungen nicht oder nur unvollständig ver-

2.3 Welche Bedeutung hat Sprache für den Unterricht der Grundschule?

arbeiten und merken sich die Informationen aus dem Gehörten schlechter. Nach Dannenbauer (2009) blenden sich viele Kinder im Laufe des sprachdominierten Unterrichtsvormittags aus dem Unterrichtsgeschehen aus und nehmen Inhalte nicht oder nur fragmentarisch auf. Bereits nach kurzer Zeit führen der unzureichende Wissenserwerb, der eingeschränkte Wortschatz und die verkürzte Merkspanne zu umfassenden Lernproblemen. So haben die betroffenen Kinder im Bereich der Schriftsprache, in der Mathematik, in den Fremdsprachen und auch in Fächern, die einen spezifischen Fachwortschatz haben, wie Sach- und Naturkunde, so gravierende Probleme, dass ein Teil der Kinder nicht nach dem Regelschullehrplan unterrichtet werden kann und einen sonderpädagogischen Förderbedarf im Bereich Lernen ausbildet (Dannenbauer, 2009).

Die Bedeutung von Sprachstörungen für das schulische Lernen soll in den nun folgenden Abschnitten differenzierter betrachtet werden.

2.3.1 Die Bedeutung von Sprachstörungen für den Schriftspracherwerb

In zahlreichen Studien wird über deutlich erhöhte Anteile von Störungen im Schriftspracherwerb bei Kindern mit umschriebenen Sprachentwicklungsstörungen berichtet (Aram & Hall, 1989; Arand, 1998; Catts, 1993). Die Ursachen werden dabei in unzureichenden sprachlichen und sprachverarbeitenden Voraussetzungen gesehen, die in einem engen Zusammenhang mit sprachlichen Auffälligkeiten und gestörtem Schriftspracherwerb stehen (Catts & Kamhi, 1999).

Auf die Störungen im Bereich der Sprache wurde in Kapitel 2.2 bereits ausführlich eingegangen. Ergänzend soll nun in einem kurzen Exkurs der Bereich der Lese- und Rechtschreibstörung aufgezeigt werden.

Unter einer Lese- und Rechtschreibstörung (LRS) wird eine umschriebene und bedeutsame Beeinträchtigung in der Entwicklung der Lese- und Rechtschreibfähigkeit verstanden, die nicht allein durch das Entwicklungsalter, Visusprobleme, akustische Beeinträchtigungen oder unangemessene Beschulung erklärbar ist (DIMDI, 2017; Dilling, Mombour, Schmidt & Schulte-Markwort, 2011). Symptomatisch können das Leseverständnis, die Fähigkeit vorzulesen und andere Leistungen, für die Lesefähigkeiten nötig sind, betroffen sein. Zu den Auffälligkeiten im Bereich des Lesens kommen gravierende Rechtschreibstörungen.

Lese-Rechtschreibstörungen können bis in die Adoleszenz und darüber hinaus persistieren (Behrnd, Steffen, Romonath & Gregg, 2003; Romonath, 2000; Romonath & Gregg, 2003; Schöler, Fromm & Kany, 1998).

Dabei ist die LRS nicht als Nachfolgestörung, wie z. B. einer Intelligenzminderung, grober neurologischer Defizite, unbehandelter Seh- oder Hörstörungen oder emotionaler Störungen, anzusehen. Insbesondere in der klinischen Beobachtung zeigt sich die Komorbidität mit anderen Entwicklungsstörungen wie des Sprechens und der Sprache. Es handelt sich um komplexe, entwicklungsbedingte Störungen (Schulte-Körne & Ptok, 1998).

Aktuell wird als wahrscheinlichste Ursache für eine LRS eine eingeschränkte phonologische Verarbeitung verantwortlich gemacht, deren verschiedene Faktoren Schulte-Körne (2002) in einem vereinfachten Ursachenmodell dargestellt hat und die in Abbildung 3 um weitere Faktoren ergänzt wurden.

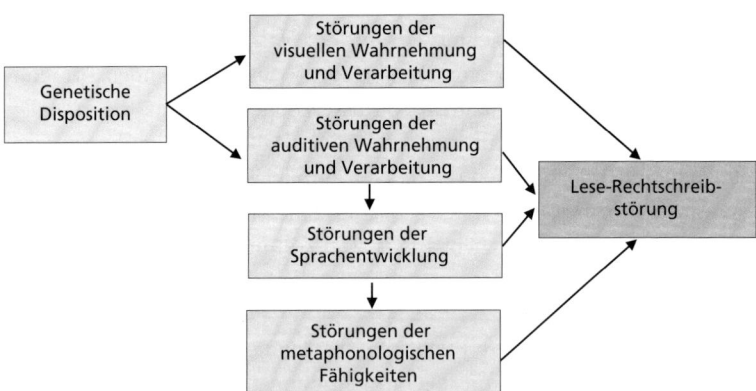

Abb. 3: Modifiziertes Ursachenmodell zur Lese-Rechtschreibstörung (in Anlehnung an Schulte-Körne, 2002, S. 14)

2.3 Welche Bedeutung hat Sprache für den Unterricht der Grundschule?

Es ist ersichtlich, dass basale Störungen innerhalb der auditiven und visuellen Informationsverarbeitung als Ursache für die Entwicklung einer LRS angesehen werden. Diese wiederum haben ihre Ursache in einer genetischen Disposition (Schulte-Körne, 2002). Kinder mit Störungen des Sprachverständnisses zeigen häufig ein geringes Leseverständnis. Auch Höraufgaben und das Erfassen von Geschichten und Liedern fallen den Kindern weitaus schwerer als altersgleichen sprachlich normal entwickelten Kindern (Nation & Snowling, 1997). Auch eine geringe Entwicklung metaphonologischer Fähigkeiten, die als zentrale Voraussetzung für einen erfolgreichen Schriftspracherwerb gelten, wird sowohl bei Kindern mit Sprach- als auch bei Kindern mit Schriftspracherwerbsstörungen beschrieben (Hartmann, 2002; Küspert, 1998; Mahlau, 2008). Für die Arbeit in der Schule bedeutet dies, dass Kinder mit gravierenden und anhaltenden Leseproblemen auf das Vorliegen einer Sprach(verständnis)störung hin überprüft werden sollten. Umgekehrt müssen auch Kinder mit umfassenden Sprachentwicklungsstörungen in ihrer Leseentwicklung sehr sorgfältig begleitet werden. Dabei stehen zu Beginn der Schulzeit die Sicherung des Vorwissens und der Lesetechnik im Fokus und in den nachfolgenden Schuljahren das Erfassen der Wort-, Satz- und Textaussagen (Catts, Fey, Zhang & Tomblin, 2002; Nation, 2009; Snowling, 2009).

Aus linguistischer Sicht stellt die Beziehung zwischen Leseverständnis, Wortabruf und Sprachverständnis die Verbindung zwischen gesprochener und geschriebener Sprache dar (Aaron, Joshi & Williams, 1999; Catts, Hogan & Adlof, 2009). Diese Beziehung ist abhängig vom Alter der Kinder und von der für das Lesenlernen aufgewendeten Unterrichtszeit. Der Wortabruf spielte in den niedrigeren, das Lese- bzw. Sprachverständnis in den höheren Klassen eine zentrale Rolle. Nach Catts et al. (2009) lassen sich drei Gruppen mit unterschiedlichen Ausprägungen ihrer Probleme im Lese-Rechtschreiberwerb unterscheiden: Kinder mit Einschränkungen im Wortabruf (*word recognition*) oder im Hörverstehen (*listening comprehension*) oder in beiden Bereichen (▶ Abb. 4).

2 Bedeutung der Sprachentwicklung

	listening comprehension	
word recognition gut / schlecht	gut	schlecht
	gutes Leseverständnis gestörter Wortabruf	gestörtes Leseverständnis gestörter Wortabruf
	ungestörter Leseerwerb	gestörtes Leseverständnis guter Wortabruf (Hyperlexiker)

Abb. 4: Subgruppen von Risikokindern im Schriftspracherwerb (nach Catts, Hogan & Adlof, 2009)

Aus der schematischen Darstellung ist ersichtlich, dass die Gruppe oben links Probleme in der *word recognition*, aber ein ausreichendes Lese- und Sprachverständnis hat. Die Gruppe unten rechts zeigt ein umgekehrtes Störungsbild, sie hat ein geringes Leseverständnis, kann aber die Wörter in ausreichender Geschwindigkeit abrufen (sogenannte Hyperlexiker). Die dritte Gruppe oben rechts ist besonders schwer betroffen, da sie in beiden Bereichen Einschränkungen aufweist. Hier lassen sich häufig Kinder mit umschriebenen Spracherwerbsstörungen finden.

Sowohl im unterrichtlichen Kontext als auch in empirischen Studien zeigen sich zahlreiche Hinweise für eine Verbindung zwischen Sprach- und Schriftspracherwerbsstörung. Dieser Zusammenhang sollte daher im schulischen Kontext frühzeitig erkannt und in besonderem Maße berücksichtigt werden.

2.3.2 Die Bedeutung von Sprachstörungen für den Erwerb mathematischer Fähigkeiten

Ein Ziel des Mathematikunterrichts ist neben dem Erwerb der Rechenfähigkeit die Herstellung und Erweiterung sprachlichen Handelns (Landesinstitut für Schule und Medien Brandenburg, 2004). Für den Zusammenhang zwischen Rechenfähigkeit und Sprachentwicklungsstörungen zeigen Studien an einsprachig aufwachsenden Kindern mit Sprachauffälligkeiten, dass die mathematische Entwicklung im Ver-

2.3 Welche Bedeutung hat Sprache für den Unterricht der Grundschule?

gleich zu sprachlich normal entwickelten Kindern problematisch verläuft (Ritterfeld et al., 2013; Schröder & Ritterfeld, 2014; Stitzinger & Bechstein, 2013). Vor welchen besonderen Barrieren des Mathematikunterrichts stehen folglich Kinder, deren Sprachhandlungskompetenz deutlich von den Möglichkeiten der Mitschülerinnen und -schüler abweicht? Lehrkräfte unterschiedlicher Schularten sehen die hohe Bedeutung der sprachlichen Fähigkeiten für den Erwerb mathematischer Kompetenzen, vernetzen jedoch in den seltensten Fällen sprachliche und mathematische Fördermaßnahmen (Schröder & Ritterfeld, 2014). Nach Nolte (2009) besteht Einigkeit darüber, dass die im Mathematikunterricht verwendete Sprache sich eher am Format der Fachsprache orientiert als an der Alltagssprache. Daher sieht Stitzinger (2013a) den Erwerb der mathematischen Fachsprache als »doppelte Schwierigkeit«, da zum einen ein Fachwortschatz aufgebaut und zum anderen dieser vom Alltagswortschatz abgegrenzt werden muss. So ist die Zahl zwei »gerade«, auch wenn man aus dem Alltag das Wort »gerade« semantisch vergleichbar mit »gleich/jetzt«, »zielsicher« oder auch »eben« kennt.

Im Folgenden soll in einem kurzen Exkurs der Bereich der Störungen der Rechenfähigkeit umrissen werden. Der Begriff der »Dyskalkulie« als Terminus für die Störungen der Rechenfähigkeit umfasst entwicklungsbedingte Rechenstörungen. In der ICD-10 wird sie unter F81.2 (DIMDI, 2017) zu den umschriebenen Entwicklungsstörungen schulischer Fertigkeiten gezählt. Es handelt sich um eine abgegrenzte Beeinträchtigung von Rechenfertigkeiten, die nicht allein durch eine allgemeine Intelligenzminderung oder eine unangemessene Beschulung verursacht sein kann. Symptomatisch wird v. a. das Unvermögen in der Beherrschung der basalen Rechenfertigkeiten (Addition, Subtraktion, Multiplikation und Division) beschrieben, weniger die höheren mathematischen Fertigkeiten. Kinder mit einer Rechenstörung zeigen vielfältige Symptome. Im Unterricht fällt am prägnantesten die fehlende Orientierung im Zahlensystem auf. Viele von ihnen haben nach zweijähriger Beschulung noch keine Zahlvorstellung im Zahlenraum bis 100 entwickelt, oft zeigen sich noch beim Rechnen bis 20 große Probleme. Bis zum Ende der Grundschulzeit und darüber hinaus werden das uneffektive Fingerrechnen und umständliche Zählstrategien eingesetzt. Der Aufbau automatisierten Wissens, wie die Zehnerergänzung oder das Einmaleins, erfolgt verlangsamt und rudimentär. Insbesondere die Zehnerüberschreitung bereitet erhebliche Probleme. Die Kinder wirken kognitiv beeinträchtigt, da sie ähnliche Aufgabenstellungen nicht erkennen und jede Aufgabe wieder neu erarbeiten müssen. Aufgabenstellungen und Zwischenergebnisse werden mitten in der Bearbeitung vergessen. Der Einsatz umständlicher Rechenwege führt zu einer extrem langsamen Arbeitsweise und zu unvollständig und falsch gelösten Aufgaben (Mahlau, 2016a).

Es ist offensichtlich, dass bei Kindern mit Dyskalkulie die Diskrepanz zwischen Anforderungen des Mathematikcurriculums und der eigenen Leistungsfähigkeit im Verlauf der Grundschule größer wird (Jacobs & Petermann, 2007). Nicht selten stellen sich psychische Sekundärsymptome wie Angst, Vermeidung, depressive Züge, Aggressionen und weitere Auffälligkeiten im Sozialverhalten ein (Lukow, 2012), auf die in Kapitel 2.3.4 konkreter eingegangen wird. Studien zeigen, dass bei Kindern mit Rechenstörungen neben den Sekundärsymptomen auch Begleitsymptome auftreten. Diese betreffen besonders häufig die schriftsprachliche Dimension (Landerl & Kaufmann, 2008).

Als Erklärungsansätze zum gemeinsamen Auftreten beider Störungsformen lassen sich in der Fachliteratur im Wesentlichen zwei Theorien unterscheiden. Die *Epiphänomen-Hypothese* besagt, dass die Mathematikprobleme als Folge der Spracherwerbsschwierigkeiten entstehen. Bei Kindern mit Einschränkungen im Wortschatzerwerb, also beim Erlernen neuer, v. a. phonologisch komplexer Wörter, ist der Erwerb und der Abruf der mathematischen Fachwörter und auch der sehr langen Zahlennamen beeinträchtigt. Eine andere Erklärungsmöglichkeit wird in der sogenannten *Drittfaktor-Hypothese* gesehen, die die gemeinsame Ursache beider Störungsbilder in einem eingeschränkten Arbeitsgedächtnis vermutet (Ritterfeld et al., 2013; Schröder & Ritterfeld, 2014). Kinder mit umschriebenen Spracherwerbsstörungen sind nur eingeschränkt in der Lage, sich komplexe zusammengesetzte Wörter wie vierundneunzigtausenddreihundertachtundsiebzig zu merken und korrekt als Zahl wiederzugeben. Auch bei Sach- und Textaufgaben können sich die Kinder lediglich einzelne Aspekte merken und den Gesamtzusammenhang des Textes nicht hinreichend erschließen (Ritterfeld et al., 2013). Deutliche Probleme haben Kinder mit Sprachentwicklungsstörungen beim Merken der korrekten Reihenfolge (Serialität), v. a. da im Deutschen die Zahlen z. T. andersherum ausgesprochen als geschrieben werden. Weiterhin sind mathematische Aufgaben mit Präpositionen, wie »unter«, »über«, »nach«, »vorher«, »zwischen« usw., für die Kinder sehr schwierig zu erfassen (Stitzinger & Bechstein, 2013).

Beachtet werden sollte, dass der geforderte Anstieg des sprachlichen Niveaus, innerhalb welchem die Mädchen und Jungen Fähigkeiten des Argumentierens, Begründens und im sprachlichen Darstellen erlernen sollen, im Mathematikunterricht für sprachbeeinträchtigte Kinder kaum leistbar ist (Ritterfeld et al., 2013). Krauthausen (2007) verweist darauf, dass die Methoden eines offenen, entdeckenden Mathematikunterrichts für Kinder mit sprachlichen Problemen nicht immer ein optimales Lernumfeld darstellen. Das Verfassen von Lerntagebüchern und mathematischen Aufsätzen, das Geben von sprachlich klar dargelegten Begründungen oder das Argumentieren in Rechenkonferenzen können für diese Kinder eine unüberwindbare sprachliche Hürde darstellen. Diese Probleme zeigen sich zunehmend in den höheren Klassen, wenn der Anspruch an die sprachlichen Anforderungen im Mathematikunterricht steigt (ebd.).

2.3.3 Die Bedeutung von Sprachstörungen für die Merkfähigkeit im schulischen Lernen

Probleme in den Gedächtnisleistungen bei Kindern mit Sprachentwicklungsstörungen werden sowohl in der schulischen Praxis als auch in empirischen Studien thematisiert (Seiffert, 2017). Lehrkräfte sind aufgrund der auffallend geringen Merkfähigkeit für neue Lerninhalte und Fachwörter angehalten, spezifisch zu differenzieren. In Studien wurde festgestellt, dass »unabhängig von der Intelligenz eines sprachentwicklungsgestörten Kindes [...] in nahezu allen Fällen Beeinträchtigungen der Leistungsfähigkeit des Arbeitsgedächtnisses, und zwar im auditiven Subsystem, der phonologischen Schleife, festzustellen« (Schöler, Braun & Keilmann, 2003, S. 22) sind. Dieses Subsystem nennt sich auch phonologisches Arbeitsgedächtnis.

2 Bedeutung der Sprachentwicklung

Das phonologische Arbeitsgedächtnis hat die Aufgabe, Wortformen zu repräsentieren und so lange stabil aufrechtzuerhalten, bis die weitere Verarbeitung und damit die Identifikation des Wortes gelungen sind. Dies erfolgt bei Kindern mit Störungen im Arbeitsgedächtnis nur eingeschränkt. Wortformen können nicht oder nur unvollständig im Wortformlexikon gespeichert werden (also z. B. nur markante Merkmale wie der Wortanfang oder die betonte Silbe), die reihenfolgerichtige und vollständige Aufrechterhaltung der gehörten bzw. abgerufenen Wortformen steht daher als Grundlage für eine vollständige Wortsegmentierung und -erkennung nicht zur Verfügung. Somit ist eine wichtige Schnittstelle zwischen dem Gehörten (Input) und der nachfolgenden Speicherung im Langzeitgedächtnis beeinträchtigt (Seiffert, 2017).

Diese unzureichende Repräsentation hemmt die Entwicklung der Kinder mit Spracherwerbsstörungen in zweierlei Weise. Zum einen können klar differenzierte Wortformen nur unvollständig aufgebaut werden, z. B. werden Wortformen nur als verschwommene Binnenstrukturen abgespeichert. Dies hat zum anderen zur Folge, dass der Wortschatz wesentlich geringer ist. Die besonderen Schwierigkeiten, die Kinder mit Sprachentwicklungsstörungen beim Nachsprechen von Pseudowörtern haben, geben nach Glück (2000; auch Glück & Obergföll, 2009) Hinweise auf die hier beschriebene eingeschränkte Funktion der phonologischen Schleife. Das schnelle Verstehen von Wörtern im Unterricht ist den Kindern nicht möglich. Die Lehrkraft ist angehalten, die Sprachverarbeitungsschwäche durch häufige Repräsentationen und viele Abrufgelegenheiten zu kompensieren (Seiffert, 2017).

Die Einschränkung in der Funktion des phonologischen Arbeitsgedächtnisses führt zu nachfolgenden Problemen, v. a. in der Sprachverarbeitung. Seiffert (2017) beschreibt für den Bereich der Phonologie geringe Fast-Mapping-Leistungen, eine eingeschränkte Dekomposition von gehörten Wörtern und damit eine zu geringe Elaboration neuer Wortformen. Dies führt automatisch zu Problemen beim Erwerb von Fachwörtern. Bereits bei der ersten Präsentation werden die fehlenden Strategien deutlich. Während sprachlich altersgerecht entwickelte Kinder schon nach dem ersten Hören eine ungefähre Vorstellung über die Bedeutung des neuen (Fach)Wortes aufbauen können, scheitern viele sprachauffällige Kinder schon sehr früh an dieser Hürde (ebd.). Das

2.3 Welche Bedeutung hat Sprache für den Unterricht der Grundschule?

sich aus dieser eingeschränkten Verarbeitung ergebende Problem zeigt sich auch in ihrem Unvermögen, altersgerecht sprachlich formale Regeln abzuleiten, und damit im Bereich der Grammatik. Den Kindern fehlt es am für die Regelinduktion notwendigen Sprachkorpus. Regeln, wie Vergleichsprozesse für die Einteilung von Wortklassen, syntaktische Regelbildungen usw. werden verzögert oder sehr unsicher erworben (Grimm, 2003). Seiffert (2017) verweist auf Einschränkungen im außersprachlichen Bereich. So ist der Grad der sprachlichen Aktivität geringer, das Monitoring des Sprachverstehens ist eingeschränkt und ein ungünstiges Problemlöseverhalten bei lexikalischen Lücken ist beobachtbar.

Kinder mit umschriebenen Spracherwerbsstörungen haben häufig Schwierigkeiten im Bereich der phonologischen Verarbeitungsprozesse, was sich wiederum negativ auf eine Vielzahl von kognitiven Funktionen auswirkt. Die Merkfähigkeit für Wörter generell und komplexe Fachwörter im Speziellen, Analogiebildungen, das Erkennen von sprachlichen Zusammenhängen und das Aufrechterhalten von Aufmerksamkeitsprozessen sind deutlich erschwert. Bei der eingeschränkten Funktion des phonologischen Arbeitsgedächtnisses handelt es sich vermutlich um die folgenreichste Störung auf der Ebene der phonologischen Informationsverarbeitung.

2.3.4 Die Bedeutung von Sprachstörungen für das Selbstkonzept und das psychische Wohlbefinden

Die in den vorherigen Abschnitten beschriebenen Zusammenhänge zwischen Sprachstörungen und weiteren Entwicklungs- und Lernbeeinträchtigungen machen deutlich, dass die betroffenen Kinder es beim Lernen und im sozialen Miteinander besonders schwer haben. Sie sind nicht nur im Bereich der Sprache, sondern umfassend beeinträchtigt. So ist es nicht verwunderlich, dass sich diese Schwierigkeiten auch auf die emotionalen und sozialen Fähigkeiten und die psychosoziale Entwicklung der Kinder auswirken. Die grundlegende Sprachstörung erschwert die Kommunikation mit anderen Kindern, daher werden sie seltener als Partner oder Freunde gewählt. Die soziale Integration der Kinder mit umschriebenen Spracherwerbsstörungen ist erheblich geringer als die ihrer sprachnormalen Klassenkameraden (Mahlau & Salzberg-Ludwig, 2015). Freundschaften können aufgrund der sprachlichen Einschränkungen seltener selbst initiiert und aufrechterhalten werden. Durch die äußerlich wahrnehmbare Symptomatik bei z. B. Aussprache- oder Grammatikstörungen wirken sie für Freundschaften auf andere Kinder wenig attraktiv. Weitere Symptome im Bereich der emotionalen und sozialen Störungen sind die Folge.

Kinder mit Sprachstörungen tragen ein besonders hohes Risiko für die Ausbildung psychiatrischer Störungen (Dannenbauer, 2009; Grimm, 2003). In englischsprachigen Studien wurde gezeigt, dass innerhalb der Gruppe der dreijährigen Kinder mit Sprachentwicklungsstörungen fast 60 % zusätzlich eine emotionale Störung haben. Die Prävalenzrate bei allen dreijährigen Kindern liegt dagegen nur bei ca. 7 % (Shapiro, 1982). Die Sprachentwicklungsstörung hat also bereits sehr früh psychosoziale Entwicklungsauffälligkeiten der Kinder zur Folge (Dannenbauer, 2009). Besonders bedenklich stimmen die Ergebnisse von Längsschnittstudien, die eine Zunahme sozial-emotionaler Probleme bei Kindern mit Sprachauffälligkeiten zeigen. Baker und Cantwell (1987) stellten fest, dass innerhalb von fünf Jahren die emotionalen und sozialen Probleme bei Kindern mit Sprachentwicklungsstörungen um 16 % zunahmen. Von Suchodoletz (2013) geht davon aus, dass bei etwa 30 % der betroffenen Kinder die psychischen Auffälligkeiten so schwerwiegend sind, dass sie zu einer psychiatrischen Diagnose führen. Kinder mit sprachrezeptiven Störungen zeigen besonders schwerwiegende Symptome. Sie sind in erheblichem Maße Missverständnissen und sozialer Verunsicherung ausgesetzt.

Grimm (2003) stellt vier Hypothesen auf, die die zunehmende psychosoziale Beeinträchtigung der Kinder erklären.

- »Die in Verbindung mit den Sprachproblemen auftretenden schulischen Lernschwierigkeiten bewirken, dass die betroffenen Kinder von den Klassenkameraden zurückgewiesen werden. Dies zeigt sich in einem niedrigen Selbstwertgefühl, welches wiederum zu entspre-

2.3 Welche Bedeutung hat Sprache für den Unterricht der Grundschule?

chenden Verhaltensweisen, wie Zurückgezogenheit, Ängstlichkeit oder depressiver Verstimmung, führt.
- Bedingt durch die Sprachstörung können positive Eltern-Kind-Interaktionen seltener hergestellt werden und beeinträchtigen so die emotionale Entwicklung der Kinder. Es kommt schon früh zu Problemen in der im normalen Spracherwerb sehr harmonisch abgestimmten Interaktion zwischen Mutter und Kind. Die Unsicherheit und zunehmende Besorgtheit über den auffälligen Sprachentwicklungsverlauf führt dazu, dass das Kind von den Bezugspersonen negativ wahrgenommen und viel weniger sprachlich-freundlich interagiert wird. Nach Dannenbauer (2009) wirkt das mütterliche Interaktionsverhalten direktiver und weniger kognitiv stimulierend.
- Die SSES [spezifische Sprachentwicklungsstörung] verhindert, dass die betroffenen Kinder mit Gleichaltrigen in einen normalen sozialen Kontakt treten und ihn aufrechterhalten können. So werden seltener funktionierende Freundschaften gebildet, die eine gesunde psychosoziale Entwicklung ermöglichen.
- Kinder mit SSES können sich in Konfliktsituationen weniger wirksam verbal behaupten. Sprache erfüllt ihre Kontrollfunktion als Affekte kontrollierende Instanz nicht hinreichend und es kommt häufiger zu unangemessen aggressiv ausagierenden, körperlichen Reaktionen« (Grimm, 2003, S. 152, zit. in Mahlau, 2016a, S. 72-73).

Die vier in den Hypothesen dargestellten Prozesse können sich gegenseitig beeinflussen. Zentrales Problem ist die eingeschränkte kommunikativ-pragmatische Kompetenz der betroffenen Kinder.

Um diese besonderen emotionalen und sozialen Probleme bei Kindern mit Sprachentwicklungsauffälligkeiten zu erklären, entwickelte Rice (1993) ein Modell der sozialen Konsequenzen (*Social Consequences Account*). Auf diesem Modell basiert die nachfolgende Erläuterung der »negativen sozialen Spirale« in Abbildung 5, die bei Kindern mit umschriebenen Sprachentwicklungsstörungen die auffällige psychosoziale Entwicklung nachvollziehbar erklärt.

2 Bedeutung der Sprachentwicklung

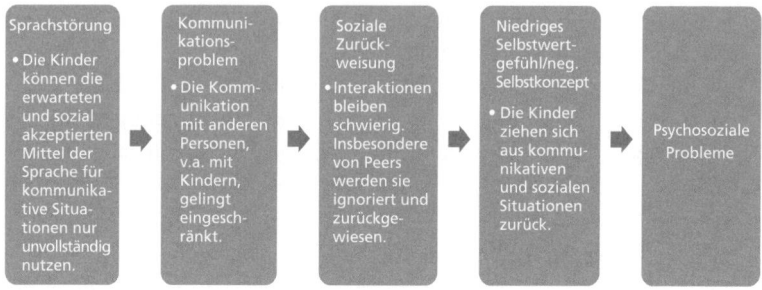

Abb. 5: Modell der sozialen Konsequenzen (nach Rice, 1993)

Die Vermeidung von sozialen Situationen ist für die soziale Entwicklung extrem ungünstig. Dies führt in der Folge zu eingeschränkten Lernerfahrungen, damit zu noch geringeren sozialen Kompetenzen und zu einer Fülle emotional schwieriger Alltagssituationen. Diese belasten das Selbstkonzept der betroffenen Kinder. Symptomatisch ziehen sich einige der Kinder eher aus der Interaktion zurück und werden passiv, andere entwickeln Aktivitäten, die von der Umwelt als unangemessen wahrgenommen werden (Dannenbauer, 2009). Besonders häufig sind Aufmerksamkeits- und Angststörungen (Irwin, Carter & Briggs-Gowan, 2002) sowie aggressives Verhalten (Paul & James, 1990) zu beobachten.

Ein weiterer, die sozial-emotionale Entwicklung beeinflussender, Faktor ist die soziale Kompetenz der sprachlich normal entwickelten Kinder, die sich den Kindern mit Sprachentwicklungsauffälligkeiten gegenüber nicht selten unangemessen verhalten. So sind Kinder mit umschriebenen Sprachentwicklungsstörungen drei Mal häufiger Opfer von Mobbing als Gleichaltrige (Knox & Conti-Ramsden, 2003). Dies betrifft ungefähr ein Drittel aller Kinder mit Sprachentwicklungsstörungen. Auch in einer deutschsprachigen Studie zeigt sich die soziale Stellung der Kinder mit Sprachentwicklungsstörungen als besorgniserregend (Mahlau & Salzberg-Ludwig, 2015). Im inklusiven Unterricht werden bereits in der zweiten Klasse über die Hälfte der Kinder (52,4 %) von den Klassenkameraden abgelehnt bzw. sozial vernachlässigt.

Am Ende dieser ungünstigen Entwicklungsverläufe stehen nicht selten schwere psychosoziale Probleme, die eine Außenseiterkarriere mit niedrigem Selbstvertrauen und sozialen Schwierigkeiten zur Folge haben. So wird aus der im frühen Kindesalter isoliert auftretenden Sprachentwicklungsstörung ein stetig zunehmendes Entwicklungsproblem mit unter Umständen lebenslangen Auswirkungen (Grimm & Wilde, 1998).

2.3.5 Zusammenfassung

Die in diesem Kapitel betrachteten Zusammenhänge zwischen einer Sprachentwicklungsstörung und weiteren Entwicklungs- und Lernbeeinträchtigungen zeigen, dass Kinder mit umschriebenen Spracherwerbsstörungen ein erhebliches Risiko für Störungen der allgemeinen kognitiven Entwicklung, im schulischen Lernen und im sozial-emotionalen Bereich tragen. Sie können in ihrer Entwicklung gleichzeitig in unterschiedlichen Bereichen und mit unterschiedlichen Schweregraden beeinträchtigt sein.

Im Bereich der Schule ist eine ausreichend individualisierte Berücksichtigung der Spracherwerbsstörung und ihrer Begleitsymptome besonders wichtig, da sich zu diesem Zeitpunkt die Auffälligkeit von einer isolierten Ausprägungsform (Dannenbauer, 2009) zu einer komplexen, alle Lebensbereiche betreffenden Störungsproblematik ausweiten kann. Wie beschrieben, können die Sekundärsymptome so stark sein, dass sie die Störung im Bereich der Sprache überlagern (Kotten-Sederquist, 1982). Besonders folgenschwer sind dabei die Zusammenhänge zwischen sprachlicher und emotional-sozialer sowie zwischen sprachlicher und Schulleistungsentwicklung. Dannenbauer (2009) vermutet, dass ein Drittel aller Kinder mit primärer Sprachentwicklungsstörung nicht den Anforderungen des Regelschullehrplanes gerecht werden kann und im Laufe der Schulzeit als »lernbehindert« diagnostiziert wird.

Um diese ethisch nicht vertretbaren Lebensläufe zu verhindern, muss dieses Wissen in die schulische Praxis Eingang finden, damit sie dort den betroffenen Kindern frühzeitig, möglichst bevor schwerwiegende Sekundärsymptome auftreten, zu Gute kommen und ein erfolgreiches Lernen ermöglichen. Dazu gehört auch der Einsatz spezifischer

Diagnostikverfahren, Medien und Fördermaterialien sowie einer sprachförderlichen Didaktik im inklusiven Unterricht, wie sie im nachfolgenden Kapitel erläutert werden. Weitere mit einer Spracherwerbsstörung einhergehende Begleit- und Folgestörungen sollten im schulischen Bereich ebenfalls berücksichtigt werden. Hilfreiche Anregungen dafür finden sich in Hartke (2017a).

3 Handlungsmöglichkeiten zur Sprachförderung in inklusiven Schulklassen

Sprachförderung in inklusiven Schulklassen erfolgt in aller Regel durch die Bereitstellung multiprofessioneller Angebote (Lüdtke, 2015; Lüdtke & Stitzinger, 2015; Stitzinger, 2013b). Die sprachlich-kommunikativen Bedürfnisse der betroffenen Kinder werden sowohl durch die Grundschullehrkräfte als auch durch weitere Fachleute, wie Sonderpädagogen oder in einzelnen Bundesländern auch akademische Sprachtherapeuten, gewährleistet (Grohnfeldt, 2015). Dabei ist eine gute Zusammenarbeit notwendig, damit eine Stärkung in der Sprachunterstützung der betroffenen Kinder erfolgt, und keine Kompetenzdelegierung mit Verwässerung der notwendigen sprachheilpädagogischen Förderung (Lüdtke, 2015). Die Personen, die den zeitlich und unterrichtlich intensivsten Zugang zu den Kindern haben, sind die Grundschulpädagogen. Andere Fachleute beraten, therapieren und unterstützen den Unterricht temporär, mit dem Ziel positiver Synergieeffekte für die Klasse und das einzelne (sprachauffällige) Kind. Eine multiprofessionelle Teamarbeit in der inklusiv arbeitenden Schule steht vor vielfältigen Herausforderungen und Chancen. Bedeutsam ist u. a. ein wechselseitiges, eindeutiges Rollenverständnis mit effektiven und klaren Kommunikationsstrukturen. Das Lernen von- und miteinander sowie die eindeutige Strukturierung der Arbeitsabläufe führen zu einer Verbesserung der kindlichen Förderung, zu gesteigerter eigener Kreativität und zu einer effektiveren Problemlösefähigkeit der beteiligten Pädagoginnen und Pädagogen. Eine sehr treffende Aufschlüsselung der originären Kompetenzbereiche der einzelnen Berufsbilder findet sich bei Lüdtke (2015).

Die Grundschulpädagogik bringt als Kernkompetenz die Kenntnisse aus der allgemeinen Pädagogik und (Fach-)Didaktik in ein multiprofessionelles Team ein. Für die inklusive Beschulung kommt nun eine Erweiterung durch Kompetenzen aus dem Bereich des sprachheilpädagogisch fundierten, therapieimmanenten Unterrichts hinzu. Stitzinger (2013b) formuliert dafür »Kerndimensionen eines komplementären Unterstützungsprofils für Sprache und Kommunikation« für inklusive schulische Kontexte. Diese sind in der nachfolgenden Infobox 4 dargestellt.

Infobox 4: Kerndimensionen eines komplementären Unterstützungsprofils für Sprache und Kommunikation (Lüdtke, 2015; Stitzinger, 2013b)

Kerndimension 1: Besondere Lernumgebung, Aufbereitung der Unterrichtsgegenstände und Abbau von Lernbarrieren

- Bauliche Gestaltung der Klassenräume und Mobiliar-Ausstattung
- Räumliche Gliederungen
- Reduktion der Klassenstärke
- Unterrichtsgestaltung mit akustischen Ruhezeiten in relevanten Phasen
- Fokussierung verschiedener Verarbeitungskanäle
- Strukturierungs- und Orientierungshilfen
- Modifikation linguistischer Strukturen
- Zeitliche Individualisierungen

Kerndimension 2: Spezifische Sprach- und Kommunikationsförderung

- Unterstützung und Förderung der Produktion und Rezeption linguistischer Merkmale
- Integration mundmotorischer Spiele in den Unterricht
- Phonematische Handzeichen
- Minimalpaarübungen
- Einprägehilfen für Fachbegriffe, Berücksichtigung semantisch-lexikalischer Strukturierungen
- Visualisierung und Hervorhebung sprachlicher Strukturen

3 Handlungsmöglichkeiten zur Sprachförderung in inklusiven Schulklassen

- Sprachliches und kognitives Modellieren

Kerndimension 3: Sprache der Lehrkraft, Sprachmodelle

- Lehrersprache
- Nonverbale Unterstützung (Mimik, Gestik)
- Anschaulichkeit: Reduzierungen, Strukturierungen, Visualisierungen, Konkretisierungen

Kerndimension 4: Gestaltung des sprachlich-kommunikativen Milieus

- Echte Kommunikationssituationen
- Funktionaler Sprachgebrauch
- Förderung des Problemlöseverhaltens
- Kooperative Gesprächsformen
- Lernpatenschaften, -netzwerke

Kerndimension 5: Beziehungsgestaltung, emotionale Stärkung und förderliche intersubjektive Kontexte

- Anerkennung des individuellen Sprachverhaltens
- Förderung sprachlicher Selbstkompetenz
- Berücksichtigung der kindlichen Interessen
- Peer-Interaktionen
- Safe-Places

Wesentliche Inhalte dieser Kerndimensionen zur möglichst optimalen Förderung der Kinder mit Spracherwerbsstörungen werden in diesem Kapitel praxisorientiert dargestellt. Doch bevor Förderung stattfinden kann, sollte die Lehrkraft wissen, welche Kinder welchen Sprachentwicklungsstand haben, um unterrichtliche Fördermaßnahmen individuell und zielgerichtet planen zu können (von Knebel, 2007; Schrey-Dern, 2006). Wie kann eine Grundschullehrkraft möglichst zeit- und materialökonomisch Informationen über die sprachliche Lernausgangslage eines jeden Kindes erhalten? Im nächsten Abschnitt wird ein Vorgehen zur Beantwortung dieser wichtigen Frage vorgestellt.

3.1 Diagnostisches Vorgehen – vom Klassenscreening bis zum Förderplan

Um den Sprachentwicklungsstand eines Kindes zu beurteilen, können unterschiedliche Verfahren eingesetzt werden. Zum einen kann das Sprachverhalten des Kindes im Unterricht und in anderen kommunikativen Situationen informell beurteilt werden, zum anderen stehen standardisierte Verfahren zur Verfügung, die Aussagen über den Sprachentwicklungsstand in Bezug zu einer Altersvergleichsgruppe zulassen.

Eine Sprachdiagnostik im inklusiven Schulalltag gestaltet sich schwierig, da die sprachlichen Fähigkeiten der Schüler meist nur durch Individualverfahren festgestellt werden können, für welche die zeitlichen und fachlichen Voraussetzungen bei den Lehrpersonen häufig fehlen. Eine Alternative bietet ein *zweistufiges Vorgehen*. In einem ersten Schritt werden Screeningverfahren eingesetzt, die zeitgleich die Feststellung der sprachlichen Fähigkeiten einer ganzen Klasse ermöglichen und von der Grundschullehrkraft durchführ- und auswertbar sind. Kinder, die in diesen Screenings als auffällig erkannt werden, können in einem zweiten Schritt anschließend durch ein sprachheilpädagogisch ausgebildetes Teammitglied differenzierter untersucht werden. In dieser individuellen Untersuchung wird dann festgestellt, ob sich der Verdacht einer Sprachentwicklungsauffälligkeit bestätigt und ob diese so schwerwiegend ist, dass besondere Fördermaßnahmen eingeleitet werden sollten, außerdem, welche Informationen zum Sprachentwicklungsstand und -verlauf noch fehlen und welche Ziele und Maßnahmen kurz- und mittelfristig erreicht bzw. umgesetzt werden sollen. Alle Informationen werden in einem Förderplan festgehalten, mit allen am Kind arbeitenden Pädagoginnen und Pädagogen besprochen und gut zugänglich abgelegt (Mahlau & Herse, 2017).

3.1 Diagnostisches Vorgehen – vom Klassenscreening bis zum Förderplan

Mit der Durchführung von Screeningverfahren zur Feststellung der Sprachentwicklungsstände aller Kinder einer Klasse, der differenzierten Sprachentwicklungsdiagnostik einzelner sprachentwicklungsauffälliger Kinder und Maßnahmen zur Feststellung des Sprachentwicklungsverlaufes kommen innerhalb des inklusiven Unterrichts unterschiedliche diagnostische Methoden und Verfahren zum Einsatz, auf die im Folgenden eingegangen wird.

3.1.1 Möglichkeiten für ein Klassenscreening

Die Erfassung der sprachlichen Leistungsfähigkeit bei allen Kindern einer Klasse sollte möglichst material- und zeitökonomisch erfolgen. Daher können, wie oben angekündigt, in einem ersten Schritt Gruppenverfahren eingesetzt werden, die zeitgleich mit der ganzen Klasse durchgeführt werden, nicht länger als eine Schulstunde in Anspruch nehmen, einfach in der Durchführung und Auswertung und möglichst preiswert sind. Dazu eignen sich standardisierte Verfahren zur Sprachentwicklungsdiagnostik (Spreer, 2013) oder standardisierte Lehrerfragebögen zur Erhebung des Sprachentwicklungsstandes (Mahlau & Herse, 2017).

Nach einer Sichtung der vorliegenden Verfahren (Spreer, 2013) gibt es für Kinder im Schulalter eine zunehmende Anzahl von qualitativ guten Einzelverfahren, aber sehr wenige Gruppenverfahren, die die Beurteilung der sprachlichen Leistungen als Screening ermöglichen. Im Folgenden wird eine Auswahl der aktuell auf dem Markt vorhandenen Gruppenverfahren genannt:

- Allgemeiner Deutscher Sprachtest (ADST; Steinert, 2011): erhebt v. a. auf Grundlage schriftsprachlicher Kompetenzen und metasprachlicher Fähigkeiten die Sprachleistung von der 3. bis zur 10. Klasse
- Anweisungs- und Sprachverständnistest (ASVT; Kleber & Fischer, 1994) für Kinder erster und zweiter Klassen: erfasst – wie der Titel schon sagt – das Anweisungs- und Sprachverständnis
- Marburger Sprachverständnistest für Kinder (MSVK; Elben & Lohaus, 2000): findet innerhalb des Vorschuljahres und der ersten

Klasse Anwendung, hilft, die Sprachrezeption umfassend zu beurteilen
- Screening grammatischer Fähigkeiten Klasse 2 (SGF 2; Mahlau, 2016b): überprüft die morphologischen Fähigkeiten bei Kindern zweiter Klassen

Weiterhin eignen sich Lehrerbeobachtungsbögen, von denen es eine größere Anzahl gibt. Beispielhaft für diese sollen die folgenden zwei Lehrerfragebögen genannt werden:

- »Kriterien für eine erste Unterrichtsbeobachtung im Bereich Sprache« (in Anlehnung an Troßbach-Neuner, 2006) von Reber und Schönauer-Schneider (2014)
- Standardisierter Lehrerfragebogen zur Erhebung des Sprachentwicklungsstandes für Grundschulkinder Klasse 1 bis 4 (Mahlau & Herse, 2017)

Bei den Schülern, bei denen aufgrund der Ergebnisse in einem oder mehreren Screeningverfahren der Verdacht besteht, dass eine Sprachentwicklungsauffälligkeit vorliegt, sollte eine differenzierte Diagnostik durch sprachheilpädagogisch ausgebildetes Personal initiiert werden. Dies erfolgt in aller Regel durch eine Einzel- bzw. Individualdiagnostik.

3.1.2 Möglichkeiten der Einzeldiagnostik

In einer Einzeldiagnostik wird mit standardisierten Testverfahren die Sprachentwicklung des Kindes auf allen Sprachebenen genau diagnostiziert. Dieses Vorgehen wird grundsätzlich bei erheblich sprachauffälligen Schülern empfohlen. Die Zusammenarbeit der Grundschullehrkräfte mit den sprachheilpädagogischen Fachkräften ist notwendig, da Angaben zum spontanen Sprachverhalten und zu bestimmten schulischen Situationen (Unterricht, Pause, Partnerarbeit usw.) die Diagnostik der Fachleute um die Sicht der Unterrichtsrelevanz ergänzt.

Für die Einzeldiagnostik gibt es eine Vielzahl standardisierter Verfahren. Einige dieser Verfahren überprüfen lediglich eine Sprachebene, andere mehrere. Da sich die Lage auf dem Markt in Bezug auf die Ent-

3.1 Diagnostisches Vorgehen – vom Klassenscreening bis zum Förderplan

wicklung neuer Verfahren zur Sprachentwicklungsdiagnostik fortwährend verändert, ist es notwendig, sich über neue Verfahren selbstständig auf dem Laufenden zu halten. Im Folgenden soll eine Auswahl an Verfahren, die sich auf *eine* der Sprachebenen beziehen, vorgestellt werden.

Zur Diagnostik auf der Ebene der Aussprache eignen sich folgende Verfahren:

- Analyseverfahren zur Ausspracheuntersuchung bei Kindern (AVAK; Hacker & Wilgermein, 2001): Einzeltestung von Kindern aller Altersstufen
- Aussprachprüfung-LOGO (Wagner, 2011): Einzeltestung von Kindern aller Altersstufen
- Psycholinguistische Analyse kindlicher Sprechstörungen-II (PLAKSS II; Fox, 2014): Einzeltestung von Kindern aller Altersstufen

Den Bereich des Wortschatzes kann man bei Kindern im Grundschulalter mit dem

- Wortschatz- und Wortfindungstest für 6- bis 10-Jährige (WWT 6-10; Glück, 2011) überprüfen. In der aktualisierten Auflage ist bei der elektronischen Version auch eine türkisch-deutsche Testvariante zur Einschätzung der Wortschatzerwerbskapazität vorhanden.

Den Bereich der Grammatik erheben folgende Testverfahren:

- Morphologische und Syntaktische Entwicklung Produktion (MuSE-Pro; Berg, 2015): Einzeltestung der grammatischen Fähigkeiten bei 5- bis 8-jährigen Kindern
- Grammatiktest für 4- bis 8-jährige Kinder (ESGRAF 4-8; Motsch & Rietz, 2016): Einzeltest für 4- bis 8-jährige Kinder
- Test zum Satzverstehen von Kindern (TSVK; Siegmüller, Kauschke, van Minnen & Bittner, 2010): Einzeltest für Kinder im Alter von 2;0 bis 8;11 Jahren
- Test zur Überprüfung des Grammatikverständnisses (TROG-D; Fox, 2016): Einzeltestung bei Kindern von 3;0 bis 10;11 Jahren

Im Folgenden werden ergänzend zu den bisher genannten Verfahren weitere Tests vorgestellt, die den Sprachentwicklungsstand der Kinder umfassender, auf *mehreren* Sprachebenen, abbilden und von der Altersspanne her einen großen Teil des Grundschulalters in der Normierung berücksichtigen.

- Sprachstandserhebungstest für Kinder im Alter zwischen 5 und 10 Jahren (SET 5-10; Petermann, 2012): Einzeltestung zur quantitativen Erfassung der Leistungsfähigkeit durch die Subtests Wortschatz, Kategorienbildung, Verarbeitungsgeschwindigkeit, Sprachverständnis, Sprachproduktion, Morphologie, Auditive Merkfähigkeit für Kinder vom Vorschulalter bis zum Ende der Grundschulzeit (5;0 bis 10;11 Jahre)
- Screening der kindlichen Sprachentwicklung (SKREENIKS; Wagner, 2014): Quantitative Erfassung der Leistungsfähigkeit der phonetisch-phonologischen, morphologisch-syntaktischen und semantisch-lexikalischen Ebene durch PC-Spiel für einsprachige Kinder im Alter von 4;0 bis 7;11 Jahren sowie mehrsprachige Kinder im gleichen Alter mit einer Mindestsprachkontaktdauer zur deutschen Sprache von 24 Monaten

Weiterhin können Beobachtungen stattfinden, die Lehrkräfte in differenzierten Fragebögen zum Sprachentwicklungsstand festhalten. Ein Vorteil von Fragebögen ist, dass die Sprachfähigkeit sehr differenziert eingeschätzt wird. Nachteil ist jedoch, dass zumeist keine Normierung und keine Angaben zur Testgüte vorhanden sind, das Sprachverhalten der Kinder sehr genau beobachtet werden muss, die Einschätzung trotzdem subjektiv ist und damit ungenau sein kann. Für eine zielgenaue Einschätzung benötigt eine Lehrkraft umfassendes sprachheilpädagogisches Hintergrundwissen. Auf dem Markt sind folgende Verfahren erhältlich:

- Diagnostische Einschätzskalen (DES) zur Beurteilung des Entwicklungsstandes und der Schulfähigkeit (Barth, 2012)
- Kriteriengeleitete Beobachtungsbögen (Reber & Schönauer-Schneider, 2014)
- Differenzierte Fragebögen zum Sprachentwicklungsstand (Mahlau & Herse, 2017)

Beim Einsatz von Fragebögen kann die Lehrkraft auch Personen befragen, die ebenfalls mit dem Kind arbeiten. So sollte man sich in jedem Fall bei den Eltern zum Sprachentwicklungsverlauf des Kindes und zu familiären Besonderheiten erkundigen. Weiterhin ist es sinnvoll, Beobachtungssituationen zu initiieren, in denen bestimmte Sprachleistungen vermehrt abgerufen werden (müssten), wie z. B. im Morgenkreis oder bei einer Partner- und Gruppenarbeit.

Sobald die Ergebnisse der Sprachentwicklungsdiagnostik vorliegen, sollte die Lehrkraft die Eltern des sprachentwicklungsauffälligen Kindes in einem ausführlichen Elterngespräch darüber informieren. Den Eltern können wichtige Informationen (z. B. Stand der Sprachentwicklung, Vorgehensweise für das Erhalten eines Rezeptes zur Logopädie [Kinderarzt – Logopädin], mehrere Adressen logopädischer Praxen, Ablauf der Antragstellung zur Feststellung sonderpädagogischen Förderbedarfs, Zeitplan) schriftlich mitgegeben werden. Auch in der Schülerakte oder im Förderplan sollte das Vorgehen vermerkt werden.

Das beschriebene diagnostische Vorgehen hat sich im ausgefüllten Schulalltag einer Grundschullehrkraft als zeitsparend und (material) ökonomisch erwiesen. Danach erfolgen die Ableitung von kurzfristigen Förderzielen und die inhaltliche und zeitliche Planung der schulischen Fördermaßnahmen, wie sie in Kapitel 3.1.4 näher vorgestellt werden. Zur Kontrolle, ob diese Fördermaßnahmen tatsächlich beim jeweiligen individuellen Kind die erhoffte Wirkung haben, können informelle Verfahren zur Lernverlaufsdiagnostik (▶ Kap. 3.1.3) eingesetzt werden. Deren Ergebnisse geben der Lehrkraft eine Rückmeldung darüber, ob die Förderung effektiv ist oder ob die eingesetzten Maßnahmen modifiziert werden sollten.

3.1.3 Exkurs: Lernverlaufsdiagnostik bei Kindern mit Sprachentwicklungsauffälligkeiten

Die sogenannte »formative Evaluation« der Förderung auf Basis der Daten zur Lernentwicklung der betreffenden Schüler wird in den Schulen unterschiedlich umgesetzt. So können zwei- bis dreimal pro Schuljahr Screenings verwendet werden, um die Entwicklungsverläufe der

Kinder zu erfassen. Im Bereich der Sprachförderung werden diese in der Regel nur bei einzelnen Kindern durchgeführt. Grundsätzlich sollte sich die Frage gestellt werden, ob die Förderung effektiv ist und das Kind zeitlich angemessen das Therapieziel erreicht. Lernt es mehr und schneller, wenn andere Maßnahmen oder Materialien eingesetzt werden? Neben dem Einsatz der oben beschriebenen Testverfahren gibt es mit den Verfahren zur Lernverlaufsdiagnostik eine weitere Möglichkeit, diese Frage zu beantworten. Studien, v. a. aus dem Bereich der Unterrichtsforschung, zeigen, dass der Einsatz dieser Verfahren ein großes Potential für die Verbesserung von Lernleistungen enthält (Deno, 2003; Hattie, 2013; Strathmann & Klauer, 2010, 2012; Walter, 2010). Der Lernentwicklungsdiagnostik ist im deutschsprachigen Raum in den letzten Jahren viel Aufmerksamkeit geschenkt worden (Hasselhorn, Schneider & Trautwein, 2014). Das Thema blieb jedoch im Bereich der Sprachförderung und Sprachtherapie relativ unbeachtet. Zur Entwicklungsmessung im Förderbereich Sprache existieren bisher weder international noch im deutschsprachigen Bereich Diagnostikverfahren im Sinne der in Deutsch und Mathematik eingesetzten Verfahren, den sogenannten curriculumbasierten Messungen. In einer Pilotstudie an der Universität Rostock wurden für die Messung der Sprachentwicklungsfortschritte auf der phonetischen Sprachebene Verfahren zur Lernverlaufsdiagnostik entwickelt, innerhalb mehrerer Jahre überarbeitet und in einer Studie erstmalig evaluiert. Der Entwicklung dieser Verfahren liegen folgende Überlegungen zu Grunde: Sie sollen

- nicht länger als 10 Minuten an Durchführungszeit in Anspruch nehmen,
- möglichst bildbasiert sein und keine Schriftsprache enthalten,
- möglichst parallel zur Erhebung ausgewertet werden können,
- eine graphische Darstellung der Ergebnisse ermöglichen, die auch für das Kind eine Rückmeldung erlauben,
- in pädagogisch bzw. therapeutisch sinnvollen Zeitabständen eingesetzt werden
- gleich schwierig (z. B. als Pseudoparalleltest konzipiert) sein.

3.1 Diagnostisches Vorgehen – vom Klassenscreening bis zum Förderplan

Die Pseudoparalleltests enthalten einen Bilderbogen, einen Protokollbogen mit den Wörtern in der jeweiligen Reihenfolge und einen Dokumentationsbogen. Zwei Beispiele für Bilderbögen sind in Abbildung 6 dargestellt.

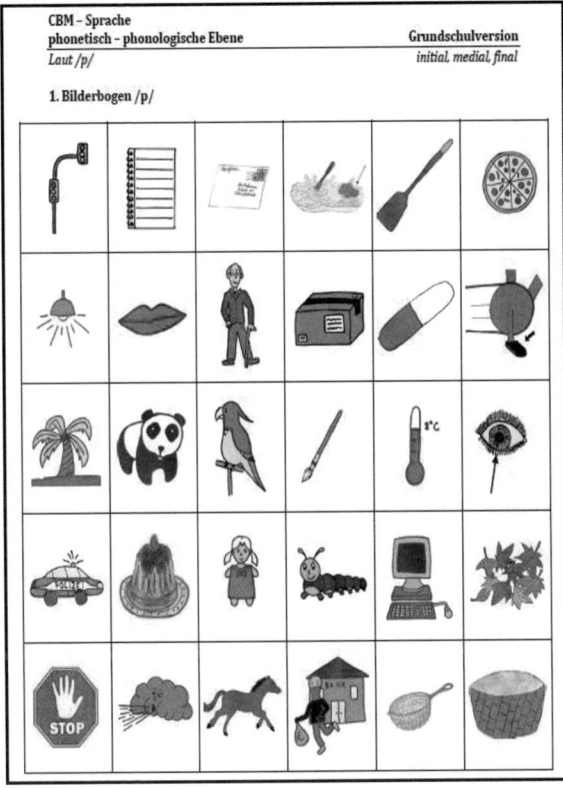

3 Handlungsmöglichkeiten zur Sprachförderung in inklusiven Schulklassen

Abb. 6: Bilderbögen zu den Phonemen [p] und [g] (http://www.lernfortschritts-dokumentation-mv.de)

Auf dem Dokumentationsbogen können die Leistungen des Kindes in einem quantitativen Auswertungsraster für bis zu zehn Messzeitpunkte dargestellt werden. Der Einsatz der Verfahren lässt sich zeitlich gut in eine Therapiestunde integrieren. Sinnvoll ist es, wenn die Materialien routinemäßig zu Beginn der Sitzung eingesetzt werden. So werden Übungseffekte, die unmittelbar in der Stunde erreicht werden, ausgeschlossen. Die Kinder werden in Förder- oder Therapiestunden jeweils in Einzelsituationen getestet. Der Untersucher dokumentiert auf dem Protokollbogen die Antwortqualitäten des Kindes und vermerkt die Anzahl der richtig gesprochenen Laute bzw. Wörter auf einem Lernverlaufs-Graphen. Abschließend erfolgt eine grundsätzlich positive Rückmeldung an das Kind. Motivierend ist es, wenn das Kind seinen Lernfortschritt selbst auf der graphischen Vorlage einzeichnen darf bzw. einen kleinen Sticker (z. B. einen Smiley) an die entsprechende Stelle der Graphik aufkleben kann. Dazu werden die jeweils erreichten Rohwertpunkte auf dem Graphen dargestellt. Die Visualisierung dient auch als Grundlage für Förderplankonferenzen, kooperative Fallbesprechungen und Elterngespräche.

Die Entwicklung und der praktische Einsatz von Verfahren zur Lernverlaufsdokumentation im Bereich Sprache stellen aktuell noch ein weitgehend unbearbeitetes Forschungsfeld dar. Unterschiedliche Probleme, wie die Erstellung von gleich schweren, also »parallelen«, Testverfahren, stellen die Wissenschaftlerinnen und Wissenschaftler vor besondere Herausforderungen (Voß, Sikora & Mahlau, 2017).

3.1.4 Förderplan: Fallbesprechung mit Ableitung von Förderzielen und -maßnahmen

Die individuelle Förderung der Kinder mit festgestellten Sprachentwicklungsauffälligkeiten ist eine gemeinsame Aufgabe der in der Schule/Klasse tätigen Lehrkräfte. Es gilt, sowohl die auffällige Sprachentwicklungssymptomatik abzubauen, als auch Folgestörungen, z. B. in den Bereichen des Lernens und Verhaltens, zu verhindern. Die dafür notwendigen Maßnahmen müssen sich an den Bedarfen des einzelnen Schülers orientierten. Um die Förderung so effektiv wie möglich zu gestalten, sollten die mit dem Kind arbeitenden Personen (Grundschullehrkraft, Sonderpädagoge, akademische Sprachtherapeutin, Personal mit sonderpädagogischer Aufgabenstellung) stets im Dialog miteinander stehen und gemeinsam Förderziele und -strategien sowie erzieherische Handlungen miteinander absprechen. Die eingesetzten unterrichtsimmanenten Handlungsmöglichkeiten zur Förderung der Sprache (s. Kap. 3.2), die verwendeten Materialien und die Reaktionen des Kindes werden besprochen und reflektiert. Um eine effektive Förderplanung umzusetzen, sollten folgende Maßnahmen in den Schulalltag fest eingeplant werden:

- Regelmäßige Teamberatungen und Förderplankonferenzen, ggf. ergänzt durch kooperative Fallberatungen
- Eine effektive Netzwerkarbeit zwischen schulischen und außerschulischen Hilfen: Ein tragfähiges Hilfenetzwerk ist v. a. bei schwerwiegenden Einzelfällen eine wichtige Voraussetzung, um den Schüler in mehreren Lebensbereichen ein entwicklungsbegünstigendes und unterstützendes Umfeld zu bieten. Die Lehrkräfte holen sich auf der Grundlage der individuell beim jeweiligen Kind vorliegenden Problematik weitere Informationen (Anamnese, Gutachten weiterer Fachleute aus den Bereichen der Logopädie, Psychologie, HNO-Heilkunde usw.), die die schulische Diagnostik fachspezifisch ergänzen und die Ableitung weiterer Fördermaßnahmen ermöglichen. So benötigen bestimmte Störungsbilder, wie z. B. organisch bedingte (Spaltbildungen) oder kommunikativ-reaktive (Stottern) Sprachstörungen, ggf. eine interdisziplinäre Behandlung. Und auch eine Rückmeldung über die schulische Entwicklung spielt für therapeutische Ziele, wie psychotherapeutische oder sozialpädagogische Interventionen, eine große Rolle.

Die Diagnostik, die Beobachtungen und Einschätzungen der Lehrkräfte und die von Eltern oder schulexternen Fachleuten erhaltenen Informationen bilden die Grundlage für einen Förderplan, der neben den Ergebnissen realistische, individuelle Ziele mit Zeitplan, Maßnahmen und Angaben zur Kontrolle des Erreichens der Ziele vermerkt. Die Ziele beziehen sich im Schwerpunkt auf die Umsetzung sprachförderlich-therapeutischer Maßnahmen und ggf. auch auf präventive Inhalte (Vermeidung von Sekundärsymptomatiken wie Schriftspracherwerbsstörungen, Verhaltensauffälligkeiten, Lernschwächen). Sie beinhalten auch, wer wann was macht – also welche Person, zu welchem Zeitpunkt, an welchen Inhalten mit dem Kind arbeitet.

Die Kontrolle über das Erreichen der Ziele sollte mindestens halbjährlich (möglichst mit standardisierten Testverfahren) erfolgen. Dazu eignen sich die oben beschriebenen Verfahren zur Einzeldiagnostik und zur Lernverlaufsdiagnostik. Erstere werden nun in Form einer prozessbegleitenden Förderdiagnostik eingesetzt, nicht mehr zu Feststellung, ob eine Sprachentwicklungsstörung vorliegt. In den Förderplankonferenzen werden auf der Grundlage der Förderdiagnostik die Förderpläne konkretisiert und optimiert. Liegt kein Sprachförderbedarf mehr vor, wird die unterrichtsimmanente und spezifische Förderung beendet. Für die Förderplanung gilt nach Popp, Melzer und Methner (2011) eine Reihe von Standards. So sollten auf der Grundlage des aktuellen Forschungsstandes Förderziele bestimmt und Fördermaterialien ausgewählt werden. Dabei ist der Entwicklungsstand des Kindes zu beachten. Je nachdem, wie die Entwicklung des Kindes voranschreitet, werden die Ziele oder Maßnahmen der Förderung fortlaufend aktualisiert. Es werden maximal drei Förderziele gleichzeitig verfolgt. Um den Förderplan inhaltlich und formal überschaubar zu halten und regelmäßig den Fördererfolg abrechnen zu können, hat sich ein überschaubarer Zeitraum von ca. acht Wochen bewährt. Die Förderpläne sollen zeit- und inhaltsökonomisch erstellt werden und allen Personen zugänglich sein. Sie müssen für alle am Förderprozess beteiligten Personen verbindlich sein und alle Lehrkräfte müssen die Verantwortung zur Zielerreichung mittragen. Inhaltlich werden Fördermaßnahmen für die am schwersten betroffene Sprachebene besonders berücksichtigt.

Beim Erstellen des Förderplans sollte Folgendes beachtet werden:

- Es werden alle Lehrkräfte einbezogen und benannt, die mit dem Kind arbeiten. Dies schafft eine höhere Wahrnehmung der Verantwortung und damit mehr Verbindlichkeit. Dabei kann die Person mit der höchsten Stundenzahl beim Kind (in aller Regel die Klassenlehrerin) als erstes genannt werden.
- Als Zeitraum sollte ein entsprechend der Einteilung des Schuljahres überschaubarer Abschnitt von ca. sechs bis acht Wochen gewählt werden (z. B. von Schuljahresbeginn bis zu den Herbstferien, von den Herbstferien bis zu den Weihnachtsferien usw.).
- Die betroffenen Sprachebenen werden als Tabellenkopf benannt, z. B. Wortschatz, Aussprache, Kommunikation. Dabei wird die am schwersten betroffene Sprachebene als erstes aufgeführt.
- Es werden die drei am deutlichsten wahrnehmbaren Symptome, z. B. »ordnet Artikel unsicher zu«, »bildet Plural falsch«, benannt.

- Anschließend werden die Förderziele abgeleitet und die Maßnahmen gemeinsam festgelegt. Sinnvoll ist es, wenn jede Lehrkraft auf die Materialien Zugriff hat. Es können in Absprache mit dem sprachheilpädagogischen Fachpersonal auch weitere Maßnahmen durchgeführt werden, z. B. mundmotorische Übungen.
- Zum Ende des mehrwöchigen Förderzeitraumes werden die Fördererfolge gemeinsam auf einer Förderplankonferenz eingeschätzt. Dazu kann es notwendig sein, dass eine genaue Beobachtung bzw. Diagnostik durchgeführt wird.
- Wenn das Förderziel nicht erreicht wurde, bleibt es bestehen und die Fördermaßnahmen werden modifiziert, z. B. intensiviert oder mit Hilfe anderer Materialien umgesetzt.

Die folgende Abbildung 9 zeigt beispielhaft einen einfachen ausgefüllten Förderplan.

Zusammengefasst lässt sich festhalten, dass in einer Schule, in der eine sprachlich heterogene Schülerschaft lernt, es notwendig ist, dass Verfahren zur Sprachdiagnostik vorrätig sind. Die entsprechenden finanziellen Mittel sollten von der Schulleitung dafür unbedingt eingeplant werden, beispielsweise um zu Beginn eines jeden, zumindest jedoch des ersten und zweiten, Schuljahres in allen Klassen ein Screeningverfahren durchzuführen. Schulinterne Fortbildungen zum Einsatz dieser Verfahren, Fachgruppen zur Anwendung, Auswertung und Interpretation der Ergebnisse sind zu empfehlen. So könnte in einer größeren Schule pro Jahrgangsstufe eine Lehrkraft besonders für die sprachdiagnostischen und sprachförderlichen Fragestellungen ausgebildet und damit verantwortlich sein, in kleineren Schulen sollte diese Aufgabe mindestens eine Person übernehmen.

Eine umfassende Diagnostik ist im inklusiven Unterricht von hoher Relevanz, um die vorhandenen personellen und materiellen Ressourcen ganz gezielt einzusetzen. Aufgrund meist eingeschränkter zeitlicher und personeller Bedingungen müssen diagnostische Abläufe personenorientiert, zeitlich und materiell leistbar und aussagekräftig auswertbar sein. Dazu eignet sich das beschriebene zweistufige Vorgehen einer Screening- und einer Individualdiagnostik. Die Diagnostik bildet die Voraussetzung dafür, welche unterrichtsimmanenten und therapeuti-

3.1 Diagnostisches Vorgehen – vom Klassenscreening bis zum Förderplan

Förderplan für den Bereich Sprache   Schuljahr 2017/2018

Name Aliya   Klasse 2 c

Geburtsdatum 10.10.2009

Lehrkräfte   Bauer (Klassenlehrerin – 19 Stunden), Plehn (Sportlehrer – 3 Stunden), Wolff (Sonderpädagoge – 3 Stunden)

Förderplan für den Zeitraum vom   10.09.2017   bis   22.10.2017

Es soll(en) folgende Sprachebene(n) gefördert werden:

1.) Sprachebene: Wortschatz

Symptom	Förderziel	Fördermaßnahme(n) – Wer setzt sie wann um?	Fördererfolg (22.10.2017)
Kennt viele Wörter nicht	Steigerung des Wortschatzumfanges	Auswahl von Wörtern aus dem Herbstprojekt beachten! (Bauer im Herbstprojekt, Wolff in Einzelförderung – Absprache!), Einführung neuer Wörter im Morgenkreis (Bauer)	Noch gering
Verwendet unspezifische Wörter	Abbau der Verwendung unspezifischer Wörter	Wortfeld Herbst (Blatt, Laub, gelb, orange, Ernte, Wind usw.) differenziert abrufen (Spiel Wortfeldraupe – Differenzierung im Projekthefter, verantw. Bauer, Kontrolle – Wolff in Einzelförderung)	Etwas besser, noch weiter fördern
Oberbegriffsbildung unsicher	Oberbegriffe bilden	Spiele: Finde den Oberbegriff! Finde den Unterbegriff! (Wolff in Einzelförderung)	Deutlich besser, keine Förderung mehr notwendig

2.) Sprachebene: Pragmatik

Symptom	Förderziel	Fördermaßnahme(n) – Wer setzt sie wann um?	Fördererfolg (22.10.2017)
Versteht Aufgabenstellungen nicht	Aufgabenverständnis erhöhen	Kurze Aufgabenstellung im Sport stellen: Spiel „Aliya macht vor - alle machen nach" (Plehn)	Erste Erfolge, andere Kommandos ☺ überlegen
Fragt nicht nach	Nachfragehaltung entwickeln	Strategie vermitteln: Frage nach!! (Wolff in Einzelförderung), Piktogramm auf den Tisch kleben, Gesprächsregeln wiederholen (Bauer im Morgenkreis)	Noch dran bleiben

3.) Sprachebene: Aussprache

Symptom	Förderziel	Fördermaßnahme(n) – Wer setzt sie wann um?	Fördererfolg (22.10.2017)
spricht /s/ und /ʃ/ falsch aus	/s/ anbilden und festigen	Absprache mit Logopädin vom 05.09. beachten, Lautzeichen einsetzen, Buchstaben [s] in Texten unterstreichen lassen, Wörter lesen (Bauer im Deutschunterricht, Wolff festigt in Einzelförderung)	Sehr gut! Förderung abgeschlossen
Hört ähnlich klingende Laute [d] und [t] und [g] und [k] unsicher	Lautdifferenzierung in An-, End- und Mediallautstellung	Spiele zu Beginn des Deutschunterricht für alle Kinder einplanen (Bauer), Extraaufgabe im Wochenplanhefter (Bauer, Kontrolle über Erfolg Wolff in Einzelförderung)	Sehr gut!, Förderung beenden

Sonstiges: Diagnostik für Dezember planen (Wolff: spätestens bis 15.11.2017), Elterngespräch im Januar (Bauer und Wolff), Wortschatzförderung für Weihnachtsprojekt vorbereiten (Bauer), nächster Termin für alle: 10.01.2017 (Logopädin dazu einladen – übernimmt Wolff)

Abb. 7: Beispielhafter Förderplan mit Anmerkungen

schen Maßnahmen eingesetzt werden. Im folgenden Abschnitt werden sprachförderliche Maßnahmen, die sich gut in den Unterricht integrieren lassen, beschrieben.

3.2 Handlungsmöglichkeiten zur Sprachförderung im Klassenkontext

Die Sprachförderung in der Klasse kann durch unterschiedliche Angebote realisiert werden. In den nachfolgend dargestellten Handlungsmöglichkeiten werden Maßnahmen aufgezeigt, die in den normalen inklusiven Unterricht integriert werden können und die sprachliche Ziele für alle Kinder (allgemeine Sprachförderung), aber auch spezielle Ziele für Kinder mit Sprachentwicklungsauffälligkeiten, umzusetzen helfen. Der Unterschied zu den Zielen für alle Kinder besteht in der Intensität und Spezifität, mit denen diese für Kinder mit Sprachauffälligkeiten verfolgt werden. Die betroffenen Schüler sollten in ihrem Sprech- und Kommunikationsverhalten gezielter beobachtet werden als andere, für sie muss expliziter eine Sprachförderung im Unterricht geplant werden, sie sollten eine verstärkte Sprachanregung erhalten und zur Sprachproduktion ermutigt werden. Wie bereits erwähnt, werden im Folgenden die von Stitzinger (2013b) formulierten »Kerndimensionen eines komplementären Unterstützungsprofils für Sprache und Kommunikation« (▶ Infobox 4) als Handlungsmöglichkeiten für Lehrkräfte, die mit sprachentwicklungsauffälligen Kindern arbeiten, aufbereitet und mit Beispielen, Spielanregungen und Tipps für die Umsetzung im Unterricht unterlegt.

3.2 Handlungsmöglichkeiten zur Sprachförderung im Klassenkontext

3.2.1 Handlungsmöglichkeiten zur Gestaltung einer besonderen Lernumgebung, zur Aufbereitung der Unterrichtsgegenstände und zum Abbau von Lernbarrieren

Lernen mit allen Sinnen – Einsatz verschiedener Verarbeitungskanäle im Unterricht

Ziel

Die Einbeziehung aller Sinne unterstützt das Lernen in seinen unterschiedlichen Dimensionen. Durch die vielfältigen Sinneseindrücke werden Wortbedeutungen und Wortformen besonders fest im mentalen Lexikon gespeichert und der individuelle Wortschatz aufgebaut.

Kurzbeschreibung

Für die Aufnahme der verschiedenen Informationen über Wörter sind unsere Sinnesorgane wie Auge, Ohr, Haut, Nase und Zunge zuständig. Die Sinneswahrnehmungen werden über die Nervenzellen mittels elektronischer Impulse zur weiteren Verarbeitung ins Gehirn, im Bereich der Sprache ins Sprachzentrum, weitergeleitet. Die Übertragung erfolgt durch chemische Botenstoffe, den Neurotransmittern, die auch für die Speicherung im Langzeitgedächtnis verantwortlich sind (Liebertz, 2010). Erkenntnisse der Forschung innerhalb der Neurowissenschaften zeigen, dass dieser Vorgang physische Veränderungen im Gehirn zur Folge hat. Die Verbindungen zwischen den Nervenzellen, die Synapsen, verstärken sich oder schwächen sich ab (Giesinger, 2009). Daher wird ein besonders erfolgreiches Lernen durch den Einbezug möglichst vieler Sinne und beider Hirnhälften erreicht. Zum Lernen sollten Kinder folglich unterschiedliche Sinne einsetzen, die Fernsinne Hören und Sehen und die Nahsinne Schmecken, Tasten, Riechen und die kinästhetische Wahrnehmung (Liebertz, 2010). Welche Gemeinsamkeiten und Unterschiede es zwischen Wörtern gibt, wird in der Fachwissenschaft durch sogenannte hierarchische Netzwerkmodelle dargestellt. Die Kinder erfahren, welche Merkmale bei bestimmten Kategorien zusammengehören (Löwe – Fleischfresser), welche sich ausschließen (Vögel und Säugetiere) und welche Oberkategorien (Hund) und Unterkategorien (Pudel, Schäferhund, Labrador) gebildet werden können (Glück, 1998).

Anwendungsbereich und mögliche Anwendungsprobleme

Lernen mit allen Sinnen kann im inklusiven Unterricht grundsätzlich mit allen Kindern durchgeführt werden. Es ist darauf zu achten, dass Kinder mit Wahrnehmungsstörungen besondere Unterstützung beim Bearbeiten unterschiedlicher Aufgaben erhalten. Kinder mit Auditiven Wahrnehmungs- und Verarbeitungsstörungen und Merkschwächen brauchen beim Erwerb und Abruf der neuen Wortform zusätzliche Unterstützung. Bei Übungen, in denen Lebensmittel verzehrt werden, sollte vorher geklärt werden, ob Allergien vorliegen. Im Unterricht können durch die Vernetzung unterschiedlicher Übungen Wortschatz und Grammatik besonders intensiv trainiert werden.

Vorschläge für die Umsetzung der Handlungsmöglichkeit

Den Übungen sollten Erlebnis- und Sinneseindrücke, wie das gemeinsame Zubereiten eines Frühstücks, ein Museumsbesuch oder ein Tag auf dem Bauernhof, vorausgehen (Mahlau & Herse, 2017):

- Die Kinder benennen reihum zum Thema passende Wörter im Sinne des Spieles »Ich packe in meinen Koffer ... die Erdbeermarmelade.« Das nächste Kind greift diesen Satz auf, wiederholt das »eingepackte« Wort und erweitert den Satz um einen eigenen Begriff. »Ich packe in meinen Koffer die Erdbeermarmelade und Nutella.« Das dritte Kind ergänzt den Satz um einen weiteren, semantisch passenden Begriff. Zur visuellen Unterstützung können Realgegenstände oder auch Bilder bereitliegen, die den Abruf und das Merken der Wörter erleichtern. So werden semantische Felder ausgebaut und miteinander vernetzt.

3.2 Handlungsmöglichkeiten zur Sprachförderung im Klassenkontext

Visuelle Wahrnehmung

- Die Kinder schließen ihre Augen. Ein Kind sucht sich einen Gegenstand im Klassenzimmer und beschreibt ihn anhand passender Adjektive. Nun raten die Kinder, um welchen Gegenstand es sich handeln könnte. Derjenige, der richtig rät, ist als nächstes dran.
- Eine oder mehrere Eigenschaft(en) eines Gegenstandes werden vorgegeben, z. B. eine Farbe (braun) und/oder ein äußeres Merkmal, wie »weich«. Die Kinder beschreiben nun Gegenstände, die diese Eigenschaften haben: Laras Lieblingsteddy. Die Assoziation neuer Objektbezeichnungen mit deren Farben (visueller Sinneskanal) unterstützt die Wortspeicherung.

Auditive Wahrnehmung

- Die auditive Wahrnehmung zum Wortlernen zu nutzen, gelingt besonders gut mit Instrumenten. Musikinstrumente können ihren charakteristischen Klängen zugeordnet werden (der Klang einer Trompete – wie ein Elefant, einer Klarinette – wie eine Ente). Triangel und Xylophon klingen hoch und relativ lang. Eine Trommel und eine Pauke klingen kurz und dumpf. Ein Becken klingt laut und scheppernd. Wie klingen aber andere Gegenstände?

Olfaktorische Wahrnehmung

- Eine weitere Möglichkeit der festeren Einbindung von Wortformen in semantische Netzwerke ist die Aktivierung des Geschmackssinns. Hier sollte man vorher die Kinder fragen, ob sie mit der Übung einverstanden sind. Die Kinder schließen die Augen und strecken die Zunge heraus. Die Lehrkraft legt nun Lebensmittel auf die ausgestreckte Zunge. Die Lebensmittel sollen anhand ihres Geschmacks erkannt und beschrieben werden (süß, krümelig, löst sich auf – ein Keks).

3 Handlungsmöglichkeiten zur Sprachförderung in inklusiven Schulklassen

Haptische Wahrnehmung

Auch der Tastsinn lässt sich sehr gut im inklusiven Unterricht der Grundschule nutzen. So können in Fühlkästchen die neu zu erlernenden Wörter beschrieben werden. Dabei üben die Kinder besonders, Adjektive zu Nomen zuzuordnen. In einem Fühlsack oder in einer Fühlkiste ist ein Gegenstand, der zur aktuellen Unterrichtsthematik gehört. Ein Kind mit Sprachentwicklungsauffälligkeiten wird aufgefordert, hineinzugreifen und zu beschreiben, was es fühlt (rund, hart, länglich, glatt). Die anderen Kinder erraten, was es sein könnte (Flasche, Gurke, Klebestift). Diese Übung eignet sich sehr gut zur Aktivierung zentraler Begriffe in der nachfolgenden Stunde.

Strukturierungs- und Orientierungshilfen im Unterricht

Ziel

Kinder mit Sprachentwicklungsstörungen haben in der auditiven Verarbeitung häufig Schwächen, die sich auf das Merken von Lerninhalten und Arbeitsabläufen auswirken (Girardet, 2016). Auch fällt es ihnen oft schwer, sich zeitlich und räumlich zu orientieren. Daher ist es das Ziel, ihnen ausreichende Strukturierungs- und Orientierungshilfen zu geben, um zeitlich-räumliche Barrieren nicht erst entstehen zu lassen bzw. so gering wie möglich zu halten. Darüber hinaus können Strukturierungshilfen den Abruf bestimmter Wörter oder Satzmuster unterstützen und so dem Abbau sprachlicher Symptome dienen.

Kurzbeschreibung

Visuelle Strukturierungs- und Orientierungshilfen können helfen, Lernbarrieren zu minimieren. Verbunden mit sprachförderlichen Übungen trainieren sie in besonderem Maße die Verbindung zwischen räumlich-zeitlichen Abläufen und spezifischen Sprachinhalten (Aussprache, Wortschatz, Grammatik).

3.2 Handlungsmöglichkeiten zur Sprachförderung im Klassenkontext

Anwendungsbereich und mögliche Anwendungsprobleme

Mit den Kindern müssen die einzelnen Visualisierungen und Strukturierungshilfen zunächst umfassend und anwendungssicher erarbeitet werden. Je mehr Zeit man sich für die Erarbeitung der selbstständigkeitsfördernden Hilfestellungen nimmt, desto ungestörter verläuft anschließend der Unterricht.

Bei den sprachlichen Strukturierungshilfen ist es notwendig, dass die sprachentwicklungsauffälligen Kinder von einer sprachfördernden Person betreut werden. Die Kinder können die sprachlichen Aufgaben nicht alleine durchführen, da sie immer die korrektive Rückmeldung durch einen kompetenten Sprecher benötigen. Erst dies stellt den Erfolg der sprachförderlichen Anteile dieser Übungen sicher.

Beschreibung der Handlungsmöglichkeit

Da Kinder mit Sprachentwicklungsauffälligkeiten in ihrer visuellen Verarbeitung meist keine Probleme haben, sind v. a. visuelle Orientierungs- und Strukturierungshilfen sinnvoll. Dazu gehören Piktogramme, Bilder, farbige Hervorhebungen mit abgesprochener, gleichbleibender Bedeutung und bei ausreichender Leistungsfähigkeit auch die Schriftsprache.

Sprachförderung

- Differenzierende Übungen im Wochenplan oder an einer »Sprachstation« während der Stationsarbeit können ganz gezielt die Sprachsymptome der Kinder berücksichtigen. So erfolgt beispielsweise die schriftliche Vorgabe von Satzanfängen zur Entwicklung einer korrekten Syntax. Ist das sprachliche Förderziel die Bildung eines Hauptsatzes, so kann die Vorgabe aus Subjekt und Verb bestehen: »Ich habe ...« »Er malt ...«. Dabei wird die Verbzweitstellung und gleichzeitig die korrekte Subjekt-Verb-Kongruenz vorgegeben.
- Zum Erreichen des Ziels, die Subjekt-Verb-Kongruenz zu üben, bietet sich die visuelle Hervorhebung der Verbendung an. Es muss v. a.

der zweite Fall »Du malst...«, »Du schreibst ...« berücksichtigt werden.

- Für Kinder mit Problemen im Bereich der Aussprache können als visuelle Erinnerungshilfe kleine Lautkärtchen auf den Tisch geklebt werden. Die Lautkärtchen symbolisieren den Laut, der vom jeweiligen Kind noch nicht sicher im Wort gebildet werden kann. So wird beispielsweise die Bildung des [t] durch einen tropfenden Wasserhahn veranschaulicht, der Laut [ ] durch eine Dampflok usw. Der Lehrkraft ist es nun möglich, durch Zeigen auf das Lautkärtchen die Erinnerung an die korrekte Lautbildung beim Kind hervorzurufen, ohne es extra sprachlich darauf hinzuweisen. Dafür muss das Kind jedoch in der Lage sein, den Laut sprechmotorisch korrekt bilden zu können, z. B. wenn eine phonologische Störung vorliegt (Fox, 2007).

- Um den gleichzeitigen Erwerb der Schriftsprache auch möglichst sinnvoll zur Förderung der Sprachfähigkeit zu nutzen, kann der Ziellaut bei kurzen Lesetexten farbig hervorgehoben werden. Dies erinnert das Kind daran, dass es sich bei der Lautbildung während des Vorlesens auf die korrekte Realisierung konzentrieren muss. Hier sollte beachtet werden, dass durch die Lautbildungsübung nicht zu stark vom Inhalt des Textes, also vom Leseverständnis, abgelenkt wird.

Räumlich-zeitliche Orientierung und sprachliche Förderung

- Visualisierungen des Tages- und Stundenablaufes sind ein sehr erfolgreich einzusetzendes Medium, um den Kindern die notwendige Unterstützung zur Strukturierung des Unterrichtstages zu geben. Zu Beginn eines jeden Tages werden Visualisierungen für alle Unterrichtsstunden und die Pausen untereinander an der Tafel befestigt. Dabei kann die Darstellung mit der Entwicklung der Kinder voranschreiten. So können in der ersten Klasse Fotos eingesetzt werden, in der zweiten Klasse Piktogramme oder Symbole, in der dritten Klasse dann Symbole und das Schriftwort, in der vierten Klasse nur noch das Schriftwort. Um die jeweilige Stunde anzuzeigen, wird ein

Magnet (Smiley o. Ä.) immer weiter gerückt. Dieses Vorgehen eignet sich darüber hinaus auch sehr gut zum Abruf der Futur- und Perfektformen. So kann das sprachentwicklungsauffällige Kind zu Beginn des Tages ansagen, welche Unterrichtsstunden heute anstehen: »Wir werden heute ... malen, rechnen, schreiben.« Am Ende eines Unterrichtstages kann dann die Perfektform initiiert werden: »Wir haben heute ... *ge*malt, *ge*rechnet, *ge*schrieben.« Die Lehrkraft verbessert ggf. durch korrektives Feedback oder gibt die korrekte Form vor, so dass das Kind diese gleich aufgreifen kann. »Hannah, was haben wir heute in der Schule *ge*macht?« Es werden die jeweiligen morphologischen Merkmale lehrersprachlich überbetont, um die Aufmerksamkeit des Kindes auf das sprachliche Zielmerkmal zu lenken (Mahlau & Herse, 2017).

- Bei der Übung unter e) kann es auch Ziel sein, die Anwendung von Präpositionen zu üben und diese dabei sinnvoll im Tagesablauf zu positionieren. So lassen sich Sätze initiieren wie »*Nach* der Pause trinke ich noch etwas.«, »*Vor* dem Sportunterricht ziehe ich meine Turnschuhe an.«, »*Während* der Zeichenstunde hole ich meinen Malblock.« Für die Lehrkraft gibt es eine Vielzahl unterschiedlicher Möglichkeiten, ein Kind nach etwas zu fragen und dabei Präpositionen vorzugeben, die einen bestimmten Kasus erfordern.

Zeitliche und inhaltliche Orientierung

- Bei allen Schülern dienen Übersichtstabellen mit Abhaksystemen für fertige und kontrollierte Aufgaben zur Strukturierung frei planbarer Lerninhalte. Auch bei Kindern mit Sprachentwicklungsstörungen eignen sie sich dafür in besonderem Maße. Bei ihnen ist es ggf. notwendig, zusätzliche Barrieren zu beachten: Die Schrift darf nicht zu klein sein, die Schriftgröße sollte also möglichst groß gewählt werden. Da Kinder mit Sprachentwicklungsstörungen häufig langsamer lesen lernen, sollten länger silbische Strukturelemente, wie Silbenbögen oder farbig hervorgehobene Silbengrenzen, berücksichtigt werden (auch bei Lesetexten oder schriftlichen Arbeitsanweisungen). Weiterhin haben Kinder mit Sprachentwicklungsstörungen oft Probleme, den Inhalt des Gelesenen zu erfassen. Hier dienen Symbole oder Piktogramme der Unterstützung des Leseverständnisses. Trotz der Visualisierung und Strukturierung sollte unbedingt ausreichend häufig kontrolliert werden, ob die betroffenen Kinder die Aufgabenstellungen auch vollständig erfasst haben.

Anpassung sprachlicher Strukturen an die Lernvoraussetzungen der Kinder

Ziel

Zur zentralen Störungssymptomatik von Kindern mit Sprachentwicklungsproblemen gehören große Schwierigkeiten, komplexe Sprachstrukturen zu verstehen. Dies kann alle Sprachebenen betreffen. Besonders auffällig wird dieses Problem beim Erkennen und Produzieren von phonologisch komplexen Wörtern oder von Satzmustern mit mehreren längeren Satzgliedern (Kannengieser, 2012). Ziel dieser Handlungsmöglichkeit ist es daher, Hinweise für eine Veränderung der Unterrichtssprache zu geben, so dass Kinder mit Sprachentwicklungsauffälligkeiten möglichst vollständig an der sprachbetonten Wissensvermittlung teilnehmen können.

Kurzbeschreibung

Das zentrale Element zur Modifikation linguistischer Strukturen ist die Lehrersprache (Dannenbauer, 2002; Grohnfeldt, 2013; Mußmann, 2014; Westdörp, 2010). Sie ist ein wichtiges pädagogisches Mittel für erfolgreiches Unterrichten und die Anbahnung korrekter sprachlicher Äußerungen der Schülerinnen und Schüler. Darüber hinaus werden durch eine gezielt eingesetzte Lehrersprache individuelle Sprachstörungssymptome, wie beispielsweise Aussprachestörungen oder Probleme bei der Bildung korrekter Satzstrukturen, abgebaut. Dazu muss die Lehrkraft über ihre eigene Unterrichtssprache reflektieren können. Sie sollte sich darüber bewusst sein, dass eine sprachförderliche Lehrersprache deutlich und langsam artikuliert wird, die verwendeten Satzstrukturen nur etwas über dem sprachlichen Niveau der Kinder liegen sollten und der verwendete Wortschatz phonologisch wenig komplex und den Kindern bekannt sein muss. Um das Aufgabenverständnis für curriculare Inhalte zu sichern, können auch nonverbale Mittel, wie Mimik und Gestik, und parasprachliche Techniken, wie Stimmvariationen und eine gut modulierte Sprechmelodie, Einsatz finden (Reber & Schönauer-Schneider, 2014). Weitere Hinweise zum Einsatz der Lehrersprache finden sich in Kapitel 3.2.3.

Anwendungsbereich und mögliche Anwendungsprobleme

Die Reduzierung der Unterrichtssprache auf phonologisch und syntaktisch vereinfachte Strukturen ist in vielen Bereichen des inklusiven Unterrichts möglich. Es gibt jedoch auch Bereiche, z. B. beim Fachwortschatz, bei dem eine Reduktion auf das Wesentliche nicht angebracht ist. So sollten die Kinder im Laufe der Grundschulzeit vermittelt bekommen, dass das »Plusrechnen« auch »Addition« genannt wird und dass das »Namenwort« auch die Bezeichnung »Substantiv« oder »Nomen« trägt. Ebenso ist es nicht empfehlenswert, beständig in einfachen Hauptsätzen zu sprechen, da das Sprachniveau aller Kinder beachtet werden muss. Es sind ggf. Modifikationen durch zusätzliche Erläuterungen nur für die Gruppe der Kinder mit Sprachentwicklungsauffälligkeiten notwendig. Diese können durch visuelle Erinnerungshilfen, wie sie oben dargestellt wurden, unterstützt werden.

Beschreibung der Handlungsmöglichkeit

Um sich an das Sprachniveau des Kindes anpassen zu können, sollte die Lehrkraft wissen, zu welchen produktiven und rezeptiven sprachlichen Leistungen es fähig ist (▶ Kap. 3.1). Sprachentwicklungsauffällige Kinder haben häufig ein deutlich besseres Sprachverständnis, als es ihre produktiven sprachlichen Äußerungen vermuten lassen. Das bedeutet jedoch nicht, dass sie Sprache altersgerecht verstehen. Die Leistungsfähigkeit zwischen Sprachverständnis und Sprachproduktion kann sich stärker unterscheiden, als es bei sprachlich unauffälligen Kindern der Fall ist.

- Die Lehrkraft sollte in einfachen Satzstrukturen sprechen, damit das Kind die Satzaussage entschlüsseln kann. Dabei ist zu beachten, dass zunächst einfache Satzstrukturen, z. B. Hauptsätze oder einfache Kausalsätze, verwendet werden.
- Die Lehrkraft muss grundsätzlich sicherstellen, dass alle Wörter in einem Text oder einer verbalen Äußerung dem Kind bekannt sind. Wenn dies nicht gegeben ist, sollte kontrolliert werden, ob das richtige Verständnis trotzdem gegeben ist oder ob Inhalte noch einmal wiederholt oder mit anderen Worten und Methoden erklärt werden müssen.
- Die Zeitabfolge von Handlungen muss in der richtigen Reihenfolge im Satz auftauchen. Die Lehrkraft sollte nicht zum sprachentwicklungsauffälligen Kind sagen: »Bevor du dir dein Frühstück herausholst, lege bitte noch die Bücher und das Lineal in die Tasche.« Das Kind würde dann vermutlich als erstes mit dem Frühstücken beginnen.
- Im Grundschulunterricht häufig verwendete Merksätze sollten ebenfalls hinsichtlich ihrer Komplexität reduziert werden. So kann im bekannten Merksatz: »Nach l, m, r, das merk dir ja, kommt nie tz und nie ck.« die Verneinung vermieden werden (»Nach l, m, r, das merk dir ja, kommt immer z und immer k.«).
- Beim Formulieren von Arbeitsanweisungen und beim Vorbereiten von Lesetexten können unbekannte, seltene, missverständliche – weil beispielsweise semantisch doppelt besetzt wie »Bank« (Sitzgelegenheit) und »Bank« (Geldinstitut) – und phonologisch komplexe Wörter (»Sumpfschildkröte«) vermieden oder durch eindeutigere, bekanntere und phonologisch einfachere ersetzt werden.
- Im Unterricht sollten wichtige Handlungsabfolgen sprachlich von der Lehrkraft so lange mitgesprochen werden, bis das sprachentwicklungsauffällige Kind sie kognitiv-sprachlich sicher beherrscht. So werden Abfolgen bei der Berechnung von Gleichungen (»Drei plus sieben sind gleich zehn.«) immer lehrersprachlich vorgegeben, mitgesprochen oder, wenn das Kind die Fähigkeit erworben hat, eingefordert. Dies gilt in besonderem Maße in höheren Grundschuljahrgängen bei den komplexer werdenden Aufgaben, beispielsweise beim halbschriftlichen Rechnen (»Aufgabe 599 – 234; 500 – 200 =

300; 90 − 30 = 60; 9 − 4 = 5; Ich rechne 300 + 60 + 5 = 365«). Die Rechnungsschritte werden so lange sprachlich eingefordert, bis sie sicher beherrscht werden.

3.2.2 Handlungsmöglichkeiten zur spezifischen Sprach- und Kommunikationsförderung

Eine spezifische Sprach- und Kommunikationsförderung setzt direkt bei der Symptomatik des Kindes an und plant dessen Abbau in einer entwicklungslogischen Reihenfolge. Dabei ist es in einem ersten Schritt wichtig, die grundsätzliche Kommunikationsfähigkeit des Kindes herzustellen. Es sollte schnellstmöglich in die Lage versetzt werden, mit den anderen Kindern erfolgreich zu interagieren. Dies betrifft bei Kindern mit erheblichen Aussprachestörungen den Abbau der phonetisch-phonologischen Symptome, bei Kindern mit massiven Wortschatzeinschränkungen den Aufbau eines unterrichtsrelevanten, altersgerechten und alltagsbedeutsamen Wortschatzes, bei Kindern mit gravierenden morphologisch-syntaktischen Auffälligkeiten die Anbahnung des korrekten Satzbaus und richtiger morphologischer Markierungen (Fox, 2007; Kannengieser, 2012; Kauschke & Siegmüller, 2006; Motsch, 2010).

Sprich und hör genau! – Unterstützung und Förderung der Produktion und Rezeption sprachlicher Merkmale

Ziel

Um die Verständlichkeit und damit die Kommunikationsfähigkeit des sprachauffälligen Kindes zu erhöhen, sollten alle Sprachebenen, also die der Aussprache, des Wortschatzes, der Grammatik und der Kommunikation/Pragmatik, berücksichtigt werden. Abhängig vom jeweiligen sprachlichen Förder- bzw. Therapieziel unterscheiden sich die Maßnahmen beim individuellen Kind.

3 Handlungsmöglichkeiten zur Sprachförderung in inklusiven Schulklassen

Kurzbeschreibung

Grundsätzlich sollte die Aufmerksamkeit der Schüler auf die korrekte gesprochene Sprachform gelenkt werden. Die im Folgenden beschriebenen Übungen (Mahlau & Herse, 2017) sind besonders für Kinder im frühen Schulalter, aber bei entsprechenden Sprachstörungssymptomen auch noch im späteren Grundschulalter geeignet. Sie können mit der ganzen Klasse oder in Kleingruppen als Spiel durchgeführt werden. Kinder mit Sprachentwicklungsauffälligkeiten brauchen dabei die besondere Aufmerksamkeit der Lehrkraft. Die hier vorgestellten Übungen stellen nur eine sehr kleine, beispielhafte Auswahl aus einer Vielzahl von Möglichkeiten dar (Mahlau & Herse, 2017; Mußmann, 2012; Reber & Schönauer-Schneider, 2014).

Anwendungsbereich und mögliche Anwendungsprobleme

Die Übungen können variabel an die sprachlichen und kognitiven Voraussetzungen der Schüler und an die Klassenraumsituation angepasst werden. Bei unruhigen Klassen sollten die Übungen eher lehrkraftzentriert erfolgen, damit die Lernziele für die Kinder mit Sprachentwicklungsauffälligkeiten deutlich erkennbar bleiben und erreicht werden.

Beschreibung der Handlungsmöglichkeit

Phonetisch-phonologische Ebene

- Rezeption: Eine sehr freudvolle Vorübung, um die Aufmerksamkeit der Kinder auf die Sprache zu lenken, kann das Erkennen von Stimmen sein (Mahlau & Herse, 2017). Die Lehrkraft fordert ein Kind auf, seine Augen zu schließen oder sich mit dem Rücken vor die Klasse zu stellen. Die Lehrerin oder der Lehrer zwinkert oder nickt einem Kind der Klasse zu, das ein Wort oder einen Satz mit normaler Lautstärke und Stimme sagt. Das erste Kind soll die Stimme erkennen und den Klassenkameraden benennen, der gesprochen hat. Die Lehrkraft beachtet, ob die Sprachentwicklungsvoraussetzungen

3.2 Handlungsmöglichkeiten zur Sprachförderung im Klassenkontext

des Kindes ein Antworten im Satz bereits möglich machen (»Das ist die Stimme von Mika.«) oder nicht, dann reicht auch die Nennung des Namens (»Mika«). Die jeweilige Antwort wird ggf. berichtigt und positiv verstärkt. Das Spiel wird einige Male wiederholt. Alternativ bzw. um den Schwierigkeitsgrad zu erhöhen, können die Kinder sehr leise, sehr laut, sehr langsam oder sehr schnell sprechen. Schwer wird es, wenn die Kinder ihre Stimme verstellen, beispielsweise sehr schnell und gleichzeitig sehr hoch sprechen (wie Micky Maus). Etwas einfacher ist es, wenn die Kinder sehr langsam und sehr tief sprechen (wie ein Elefant).

- Rezeption: Eine beliebte Übung zur Lautbildung, die gleichzeitig zur Vorbereitung der Synthesefähigkeit beim Lesenlernen dient, ist die »Robotersprache«. Die Lehrkraft spricht den Namen eines Kindes der Klasse abgehackt (wie ein Roboter) lautierend vor: R-O-S-I-N-A. Die Schüler finden heraus, welcher Name gemeint ist. Alternativ können auch Kinder einen Namen oder Gegenstände in Robotersprache sprechen. Zur Unterstützung des Abrufes kann die Auswahl eingegrenzt werden. So können Realgegenstände vorne auf dem Lehrertisch bzw. in der Mitte des Stuhlkreises liegen oder als Bilder an der Tafel befestigt sein. Kinder mit Sprachentwicklungsstörungen werden zusätzlich unterstützt, indem ihnen die Bildauswahl durch weniger Bilder erleichtert wird oder phonematische Handzeichen eingesetzt werden.

- Produktion: Die Lehrkraft erarbeitet während eines Stationsbetriebes den Ziellaut mit den betroffenen Kindern an einer bestimmten »Sprachstation« oder auch frontal mit allen Kindern der Klasse. Sinnvoll ist es, wenn sich eine Verbindung mit dem Unterrichtsziel herstellen lässt, so kann beispielsweise die Lautbildung zur Einführung von Buchstaben routinemäßig besprochen bzw. geübt werden. Alle Kinder erfahren, wo und wie der Laut gebildet wird, und probieren die Lautbildung spielerisch aus. Kinder mit Problemen in der Aussprache verwenden dazu einen Handspiegel, produzieren den Laut und betrachten dabei ihre Sprechwerkzeuge, also Lippen, Zunge, Kieferstellung und Mundöffnung. Wie klingt der neue Laut? (kurz, lang, zischend, knallend) Gibt es Laute, die ähnlich klingen? Welche sind es? Was ist anders?

- Produktion: Vielfältige Übungen zur phonematischen Bewusstheit schließen sich sinnvoll an. So können die Schüler Bilder erhalten, deren Benennung den Ziellaut erfordert. Sie benennen die Gegenstände und sortieren die Bilder nach Vorkommen des Ziellautes im Wort (vorn, innen, hinten). In ähnlicher Weise können in höheren Klassen Wörter einer Wörterliste sortiert werden, die den Ziellaut enthalten. Die Kinder lesen die Wörter und achten besonders auf die korrekte Aussprache (Kinder mit Lautbildungsschwierigkeiten mit Spiegel, phonematischen Handzeichen und ggf. Lehrerunterstützung), schreiben sie ab und sortieren sie dabei nach Stellung des Ziellautes im Wort.

Semantisch-lexikalische Ebene

- Rezeption: Generell sollten neue Wörter zu Beginn möglichst häufig präsentiert werden (Reber & Schönauer-Schneider, 2014). Ein Begriff muss in einer Einführungsstunde vielfältig verwendet werden und möglichst alle Aspekte des Wortes berücksichtigen. Die Lehrkraft sollte es also in seiner inhaltlichen (z. B. Banane: Obst, gelb, süßlich), seiner lexikalischen (drei Silben, beginnt mit [b]) und seiner syntaktisch-morphologischen Bedeutung (Nomen, weiblich mit Artikel *die*) verwenden.
- Produktion: Zur Förderung des Wortschatzes und zur Vernetzung bereits bekannter Wörter sind vielfältige Übungen im inklusiven Unterricht geeignet. So können die Kinder in Spielformen animiert werden, Wörter zu suchen, die das Gleiche ausdrücken (Synonyme) oder die inhaltlich einen Bezug zum Zielwort haben (z. B. Teile der Banane: weiches Fruchtfleisch, Schale).
- Produktion: Auch das Finden von Ober- und Unterbegriffen unterstützt das Bilden eines semantischen Netzwerkes zum besseren Speichern und schnellen und sicheren Abrufen von Wörtern. So können die Kinder zu vorgegebenen Begriffen (Hammer, Feile, Säge) den Oberbegriff (Werkzeug) finden. In umgekehrter Weise wird den Kindern ein Oberbegriff (Laubbaum) vorgegeben und sie sollen in einer vorgegebenen Zeit, z. B. in einer Minute, möglichst viele Unterbegriffe (Eiche, Birke, Pappel usw.) finden.

3.2 Handlungsmöglichkeiten zur Sprachförderung im Klassenkontext

Syntaktisch-morphologische Ebene

- Rezeption/Produktion: Zur Übung der regelmäßigen Steigerung erhalten die Kinder Karten, auf denen verschiedene Behauptungen stehen. Sie sollen entscheiden bzw. diskutieren, ob die Behauptung stimmt oder nicht (»Die Spitzmaus ist das *kleinste* Säugetier.«, »Hannes ist *größer* als Markus.«). Beim Diskutieren üben sie verbalsprachlich die vorgegebene Steigerungsform.
- Produktion: Übungen zum Wortschatzerwerb lassen sich häufig mit morphologischen Aspekten sinnvoll verknüpfen, z. B. mit der Artikelzuordnung. So können zentral wichtige Wörter des Unterrichts (themas) mit der Artikelbenennung verbunden werden. Die Lehrkraft gibt den Kindern ein Sprachmodell vor: »Was liegt heute auf meinem Tisch? Auf meinem Tisch liegen ... *das* Buch, *die* Schere und *der* Bleistift. Was liegt auf deinem Tisch?« Dabei werden die Artikel besonders betont, um die Aufmerksamkeit der Kinder auf diese zu lenken. Das aufgeforderte Kind benennt die Dinge, die auf seinem Tisch liegen. Dabei genügt es, wenn sich seine Sprachleistung auf die Artikel und die Nomen konzentriert. Ein Sprechen im Satz ist nicht erforderlich (Motsch, 2010).
- Produktion: Eine besonders beliebte Übung zur Realisierung des Akkusativs ist das verdeckte Bauen (Berg, 2008). Zwei Spielparteien (zwei Schüler oder Kind und Lehrkraft) sind durch einen Sichtschutz getrennt, haben jedoch die gleichen Objekte (Wörter oder Bilder) vor sich liegen. Diese können den unterrichtlichen Lernzielen entsprechen, z. B. geometrische Formen in Mathematik oder Tiere darstellen. Das Kind legt die Objekte hinter den Sichtschutz in eine Reihe und benennt, was es gelegt hat. »Ich lege *den* Hund, *die* Maus, *den* Esel und *das* Küken«. Die andere Spielpartei legt ihre Objekte in der gleichen Reihenfolge hin. Anschließend wird verglichen. Die Lehrkraft kann jetzt noch einmal das Kind, dessen individuelles Sprachziel im Erwerb des Akkusativs liegt, die Reihe wiederholen lassen.

Wir machen Mundgymnastik! – Mundmotorische Spiele im Unterricht

Ziel

Die ausreichende Beweglichkeit der zur Sprechmotorik gehörenden Sprechwerkzeuge, also der Lippen, der Zunge und der Kiefer-, Wangen- und Mundmuskulatur, muss überprüft und ggf. trainiert werden. Diese Maßnahmen nennt man auch myofunktionelle Übungen. Ziel myofunktioneller Übungen ist die Wahrnehmung, Anbahnung und Übung bestimmter sprechmotorischer Bewegungsmuster der Lippen, der Mundöffnung, der Zunge und des Kiefers (Ruben & Wittich, 2017).

Kurzbeschreibung

Myofunktionelle Übungen sind somit bedeutsam für die Beweglichkeit der Sprechmuskulatur und die Wahrnehmung der Sprechwerkzeuge. Sie finden als Vorübung zur Lautanbahnung bei phonetischen Störungen (Lautbildungsstörungen) Einsatz. Bevor die Bildung eines Lautes, der sprechmotorisch vom Kind noch nicht korrekt beherrscht wird, erfolgen kann, sollte sichergestellt werden, dass die Bewegungsabläufe grundsätzlich erworben werden können, also keine organisch bedingten Bewegungseinschränkungen (z. B. ein zu kurzes Zungen- oder Lippenbändchen) vorliegen. Um dies abzuklären, bedarf es ggf. auch der Diagnostik durch einen sprachheilpädagogisch ausgebildeten Experten (Logopädin, Sprachheillehrer, Phoniater) (Adams & Struck, 2010). Myofunktionelle Störungen bezeichnen Fehlfunktionen im Mund- und Gesichtsbereich (Ruben & Wittich, 2017) und werden durch ein falsches Schluckmuster erkennbar (Kittel, 2011). Weitere Auffälligkeiten zeigen sich in Form von orofazialen Dysfunktionen (u. a. offene Mundhaltung, Zungenfehlfunktion, Gebissanomalien, Artikulationsstörungen) und auch im »ganzen Körper« (Auffälligkeiten in der Wahrnehmung, im Tonus, im Gleichgewicht, in der Feinmotorik und Konzentration) (Ruben & Wittich, 2017).

3.2 Handlungsmöglichkeiten zur Sprachförderung im Klassenkontext

Anwendungsbereich und mögliche Anwendungsprobleme

Myofunktionelle Übungen sind in optimaler Weise vor einem Spiegel durchzuführen. Dazu eignet sich ein großer Spiegel, in den die Lehrkraft und das sprachentwicklungsauffällige Kind gemeinsam schauen können. Alternativ kann das Kind einen kleinen Handspiegel nutzen, die Lehrkraft sitzt dem Kind frontal gegenüber. Es muss in der Lage sein, die vorgemachten Übungen bei der Lehrkraft abzuschauen und sich dann selbst im Spiegel zu kontrollieren. Bei Übungen mit Lebensmitteln ist vorher die Erlaubnis der Eltern einzuholen.

Beschreibung der Handlungsmöglichkeit

Um die Beweglichkeit der Sprechwerkzeuge zu trainieren, bieten sich vielfältige Übungen an. Diese können kindgerecht in verschiedene Geschichten verpackt werden. An dieser Stelle wird eine Auswahl an möglichen Übungen dargestellt. Viele Übungen finden sich in Ruben und Wittich (2017) sowie in Kittel (2011).

Trainieren der Zungenmuskulatur

Das Kind soll die Zunge

- gerade herausstrecken, so weit wie es kann,
- nach links/rechts strecken (zum Fenster schauen, zur Tür schauen),
- nach oben strecken (der Nase »Guten Tag« sagen),
- nach unten strecken (dem Kinn »Guten Tag« sagen),
- von Zahn zu Zahn hüpfen lassen und dabei die Zähne zählen (erst oben, dann unten),
- zu einer Rille bzw. einem Rohr formen (Zungenröllchen),
- langsam raus und rein bewegen (vorsichtig aus der Höhle kommen, wieder darin verschwinden),
- schnell raus und rein bewegen (schnell raus und rein rennen),
- ganz schnell und wiederholt von links nach rechts bewegen (wie ein Wecker),

- an den oberen Gaumen drücken und wegschnellen (schnalzen),
- um einen Trinkhalm legen und in einem Glas Wasser blubbern,
- um einen Trinkhalm legen und Wasser oder flache Gegenstände ansaugen.

Trainieren der Lippenmuskulatur

Die Lippen sollen

- spitz gemacht werden (wie eine Spitzmaus),
- breit gezogen werden (wie ein Breitmaulfrosch),
- schnell geöffnet werden (Lippenknallen),
- oben/unten separat eingezogen werden,
- beide eingezogen werden (wie ein Uropa ohne Zähne),
- fest aufeinandergepresst und so einige Sekunden gehalten werden (wütend aussehen),
- sich zu einem »o« formen (staunend aussehen),
- flattern (wie ein Motor).

Trainieren der Wangenmuskulatur

Die Wangen sollen

- aufgeblasen/eingezogen werden (jeweils einige Sekunden halten),
- von der Zunge links/rechts ausgestülpt werden.

Die Bewegungsübungen können auch in eine Geschichte verpackt werden. Zur Vorbereitung auf die Anbildung des [k]-Lautes wird den Kindern z. B. die Geschichte vom Küken erzählt. Bei der Realisierung des [k] ist die Beweglichkeit der Zunge gefordert. Daher wird diese besonders geübt. Die Lehrkraft erzählt die Geschichte und macht dabei die Übungen vor, die Kinder machen sie (ggf. vor dem Spiegel) nach.

- Das Küken erwacht am Morgen und gähnt (gähnen – Mund weit aufmachen, Lippen dehnen).

3.2 Handlungsmöglichkeiten zur Sprachförderung im Klassenkontext

- In der Ferne hört es das Quaken der Enten (quaken, dabei Lockerung der Kiefergelenke).
- Nun hat das Küken Hunger und möchte zum Frühstück Körner picken (Lippen mehrmals im Wechsel spitz und breit machen).
- Als es satt ist, schleicht es vorsichtig aus dem Stall (Zunge langsam weit rausstrecken).
- Es läuft langsam nach links zur Scheune, dann nach rechts vorbei an der Hundehütte, dann wieder nach links (langsam die Zunge nach links und rechts und links bewegen).
- Oh nein, der gefährliche Hofhund kommt! Schnell läuft das Küken den Weg zurück in den sicheren Kükenstall (Zunge im schnellen Wechsel nach rechts, links und rechts bewegen, zum Schluss zurück in den Mund verschwinden lassen).
- Dort putzt es nun seinen Stall (Zunge in die Wangentaschen stecken und hin und her bewegen).
- Der Ausflug und das Putzen haben das Küken ganz durstig gemacht. Es möchte nun aus einem Trog trinken (Zungenröllchen).
- Nun kommt die Henne an und fragt besorgt, was das Küken alles erlebt hat. Die Henne macht /k/, /k/ (Kinder machen das /k/ nach).
- Die Geschichte wird beendet und mündet in ein kurzes Gespräch zur Lautbildung des [k] vor dem Spiegel: Was macht die Zunge, wenn wir den Laut /k/ sprechen?

Wir sprechen mit den Händen! – Phonematische Handzeichen

Ziel

Eine wichtige Voraussetzung für das Lesen- und Schreibenlernen ist die Wahrnehmung von Einzellauten. Auch für das Erlernen einer korrekten Aussprache und zur Unterscheidung von ähnlich klingenden oder sprechmotorisch ähnlich gebildeten Lauten ist die phonematische Differenzierung von essentieller Bedeutung. Schüler mit Sprachentwicklungsauffälligkeiten haben dabei oft sehr große Probleme. Sie können ähnlich klingende Laute nicht voneinander unterscheiden, z. B. Kirche – Kirsche oder lachen – Laken. Visuelle Unterstützungsmaßnahmen durch Lautgebärden (phonematische Handzeichen) sowie durch Lautbilder oder -symbole sind daher unverzichtbar. Ziel ist es, den Kindern die Wahrnehmung der Einzellaute durch den Einsatz der visuomotorischen Handzeichen zu erleichtern.

Kurzbeschreibung

Die visuomotorischen Handzeichen verdeutlichen den Kindern den Zusammenhang zwischen Buchstaben und Laut. Sie unterstützen die Wahrnehmung von Lauten durch die Vernetzung der einzelnen Wahrnehmungsbereiche. Lautgebärden dienen

- als visuomotorische Hilfe, wenn die Bewegungen der Hände die visuelle Form der Buchstaben für den jeweiligen Laut darstellen (z. B. beim A – Spitzen der Zeigefinger und Daumen beider Hände gegeneinanderlegen, so dass der Buchstabe A dargestellt wird),
- der Bewegungswahrnehmung (Kinästhetik), wenn die Bewegungen der Hände den Zusammenhang zwischen Laut und den Artikulationsbewegungen verdeutlichen (z. B. beim [b] – Zeigefinger berührt die untere Lippe und verdeutlicht so den Lautbildungsort),
- der phonematischen Unterstützung, weil die lautliche Durchgliederung anhand der Bewegungsfolge der Lautgebärden sichtbar gemacht wird und dadurch vom Kind wahrgenommen werden kann (Tolkmitt & Diehl, 2016).

Vielfältige Erfahrungen aus der Praxis mit Kindern mit Sprach- oder Lese-Rechtschreibstörung (Tolkmitt & Diehl, 2016) zeigen, dass Handzeichen schneller zu einer erfolgreicheren Lesetechnik (Lesesynthese) führen.

Anwendungsbereich und mögliche Anwendungsprobleme

Phonematische Handzeichen sind ein unterstützender Bestandteil eines inklusiven Erstlese- und Schreibunterrichts und sollten allen Kindern vermittelt werden. Sie können darüber hinaus der Verdeutlichung von

3.2 Handlungsmöglichkeiten zur Sprachförderung im Klassenkontext

Ziellauten bei phonetisch-phonologischen Entwicklungsstörungen (Zier vs. Vier) und schlecht hörbarer morphologischer Markierungen, wie z. B. der Endungen bei »den« und »dem«, dienen.

Beschreibung der Handlungsmöglichkeit

Es gibt unterschiedliche phonematische Handzeichensysteme. Sehr bekannt sind die Kieler Lautgebärden (Dummer-Smoch, 2002), deren Darstellung von anderen Systemen teilweise übernommen wurde. In der Praxis hat sich für Kinder mit Sprachentwicklungsstörungen und Lese-Rechtschreibstörungen ein Handzeichensystem als besonders praktikabel erwiesen, das lediglich eine Hand zum Zeigen verwendet. Mit der anderen Hand kann das Kind dann zeitlich parallel im Heft schreiben, ohne den Stift wegzulegen, oder beim Lesen mit dem Zeigefinger die Buchstaben verfolgen. Weiterhin sollten die Gebärden sich an der Lautbildung orientieren oder an der visuellen Darstellung des Buchstabens. Die Handzeichen sollten niemals das Mundbild verdecken (Reber & Steidl, 2012). Im Folgenden werden einige Lautgebärden beschrieben (▶ Tab. 3). Die Kinder nutzen die Hand, die sie nicht zum Schreiben brauchen.

Hörst du den Unterschied? – Minimalpaarübungen

Ziel

Ein großer Teil der Kinder mit Sprachentwicklungsstörungen und auch der Kinder, die Probleme beim Erwerb der Schriftsprache haben, zeigen eingeschränkte phonematische Differenzierungsfähigkeiten. Mit den Übungen zum Erkennen von Minimalpaaren sollen diese Schwierigkeiten vermindert werden. Ziel ist es, dass die Kinder die Unterschiede zwischen zwei Lauten wahrnehmen können (z. B. zwischen Wanne – Kanne, La*k*en – *l*agen, *r*eisen – *R*eifen).

3 Handlungsmöglichkeiten zur Sprachförderung in inklusiven Schulklassen

Tab. 3: Auswahl phonematischer Handzeichen (u. a. Dummer-Smoch, 2002; Reber & Steidl, 2012)

Laut/Buchstabe	Beschreibung der Handbewegung(en)	Darstellung	Bezug zum Laut bzw. Buchstaben
[a]	Daumen und Zeigefinger spreizen sich vor dem Mund nach oben und unten auseinander		Stellt die Mundöffnung beim Sprechen des [a] dar (Lippen weit geöffnet)
[e]	Daumen und Zeigefinger spreizen sich vor dem Mund nach links und rechts auseinander		Stellt die Mundöffnung beim Sprechen des [e] dar (Lippen leicht geöffnet und auseinander gezogen)
[i]	Zeigefinder tippt von oben auf den Kopf		Stellt den Punkt beim kleingeschriebenen [i] dar
[o]	Zeigefinger fährt um die gespitzte Mundöffnung		Stellt die Lippenstellung beim Sprechen des [o] dar (Lippen rund und leicht nach vorne gestülpt)
[u]	Zeigefinger tippt von außen hinter dem Kinn auf den Mundboden		Stellt die Bewegung des Mundbodens beim Sprechen des [u] dar (Mundboden bewegt sich nach unten)
[k]	Zeigefinger wird an die Kehle gelegt und schnell nach vorne wegbewegt		Stellt die schnelle Bewegung der Zunge dar (Wegschnellen vom Gaumen)
[g]	Zeigefinger wird an die Kehle gelegt		Stellt die Bewegung der Zunge dar (Wegbewegen vom Gaumen) und verdeutlicht gleichzeitig, dass der Laut stimmhaft ist (Brummen im Kehlkopf wird wahrgenommen)

3.2 Handlungsmöglichkeiten zur Sprachförderung im Klassenkontext

Tab. 3: Auswahl phonematischer Handzeichen (u. a. Dummer-Smoch, 2002; Reber & Steidl, 2012) – Fortsetzung

[m]	Zeige-, Mittel- und Ringfinger werden vor die Lippen gelegt		Stellt die Lippenstellung beim Bilden des [m] dar (geschlossene Lippen), außerdem verdeutlichen die drei Finger die drei Säulen des geschriebenen kleinen [m] und den Initiallaut des Wortes „Mund" das [m]
[n]	Zeige- und Mittelfinger werden seitlich an die Nase gelegt		Stellt den Lautbildungsort des [n] dar (nasal), außerdem verdeutlichen die zwei Finger die zwei Säulen des geschriebenen kleinen [n] und den Initiallaut des Wortes „Nase" das [n]
[h]	Die gestreckte geöffnete Hand wird vor den Mund gehalten		Macht den schlecht wahrnehmbaren Laut [h] (stimmlos und kaum Artikulationsbewegung) durch das Fühlen der warmen Ausatemluft wahrnehmbar
[ʃ]	Zeigefinger und Daumen bilden einen Kreis vor den Lippen		Die Lippen stülpen sich beim Sprechen des [ʃ] in/durch den Fingerkreis nach vorne. So wird die Artikulationsbewegung der Lippenstellung unterstützt und wahrnehmbar
[r]	Zeigefinger beschreibt einen Wirbel waagerecht vor dem Kehlkopf		Der Lautbildungsort des [r] wird damit verdeutlicht (Vibrieren der Stimmbänder im Kehlkopf)

Kurzbeschreibung

Wenn sich zwei Wörter ein und derselben Sprache in nur einem Laut (Phonem) unterscheiden, dann bilden sie ein Minimalpaar. Oft weisen sie die gleiche Anzahl an Lauten auf. Die Position der unterschiedlichen Laute kann sich am Wortanfang (rein – fein), in der Wortmitte (Rille – Risse) oder auch am Wortende (Lamm – lang) befinden. In der Sprachtherapie werden Minimalpaare dazu verwendet, um phonologische Prozesse wahrnehmbar und damit überwindbar zu machen. Der Kontrast zwischen dem Ziel- und dem (falschen) Ersatzlaut wird mit dem sprachentwicklungsauffälligen Kind erarbeitet. Häufig werden missverständliche Situationen absichtlich herbeigeführt, die die Aufmerksamkeit des Kindes auf seine eigene fehlerhafte Aussprache lenken. Um erfolgreich kommunizieren zu können, muss es seine Aussprache dem Ziellaut anpassen (Jahn, 2001).

Anwendungsbereich und mögliche Anwendungsprobleme

Minimalpaare werden in vielen phonologischen Therapieformaten eingesetzt (Fox, 2007; Hacker & Weiß, 1986; Jahn, 2001). Darüber hinaus finden sie sich in Übungen zu den Vorläuferfähigkeiten des Schriftspracherwerbs (Forster & Martschinke, 2008; Küspert & Schneider, 1999). Da Kinder mit Sprach- und Schriftspracherwerbsstörungen sehr häufig und lange Probleme damit haben, phonematisch zu differenzieren (Hübner, 2016), ist der Erwerb dieser Fähigkeit so lange im Unterricht zu berücksichtigen, bis das Erkennen von lautlichen Unterschieden in Wörtern vollständig gelingt.

Beschreibung der Handlungsmöglichkeit

Beim Üben mit Minimalpaaren werden den Kindern lautliche Unterschiede bewusst gemacht. Dies kann zwei Zielen dienen. Zum einen kann das Kind ganz allgemein darauf aufmerksam gemacht werden, dass sich Laute voneinander unterscheiden. Dazu eignen sich beispielsweise Reimübungen in unterschiedlichen Aufgabenformaten, die mit allen Kindern einer Klasse gespielt werden können. Zum anderen soll ein Kind mit einer phonologischen Störung einen bestimmten phonologischen Prozess überwinden. Dazu bedarf es einschlägiger sprachheilpädagogischer Kenntnisse der Lehrkraft. Die Intensität und Spezifität, mit der bei phonologisch gestörten Kindern an deren Lautdifferenzierung gearbeitet werden muss, können in den nachfolgend beschriebenen Übungen jedoch nicht berücksichtigt werden. Für Kinder mit Problemen im phonologischen Bereich erfolgen in Kapitel 3.3.1 weitere Übungsvorschläge, die sich auch im Klassenunterricht in offenen Unterrichtsformen (Stationen, Werkstattarbeit usw.) umsetzen lassen (Fox, 2007; Hacker & Weiß, 1986; Jahn, 2001).

3.2 Handlungsmöglichkeiten zur Sprachförderung im Klassenkontext

Spiele mit der ganzen Klasse

- Die Kinder erhalten jeweils eine Bild- oder Wortkarte. Zu jeder Karte gibt es eine Partnerkarte (Reimwort), die ein anderes Kind erhält. Die Lehrkraft sollte darauf achten, dass die Kinder mit Sprachauffälligkeiten ihre Reimkarte kennen und dessen Bezeichnung korrekt aussprechen können. Sprachlich normal entwickelte Kinder erhalten schwierigere, wenig geübte Wörter. Nun werden die Kinder aufgefordert, ihre Partner (Reimwörter: Tisch – Fisch, Herd – Pferd, Riese – Wiese usw.) zu suchen und das Reimpaar zu benennen. Sprachlich gut entwickelte Kinder können versuchen, einen Vers zu bilden (Über die Wiese schleicht ein Riese) (Mahlau & Herse, 2017).

- In ähnlicher Weise lässt es sich mit Karten spielen, die sich nicht im Anlaut, sondern in einem anderen Laut unterscheiden (Lachen – Laken, Lara – Lava, listig – lustig). Ein Kind mit einer Sprachentwicklungsauffälligkeit soll die Wörter korrekt sprechen und wenn möglich den lautlichen Unterschied benennen. Ein sprachlich normal entwickeltes Kind kann die Lautbildung erklären oder mit den Wörtern einen Satz bilden. Auch eine gemeinsame Partnerarbeit vor dem Spiegel, in dem beim Sprechen die Sprechwerkzeuge beobachtet werden, bietet sich an.

- Bei allen Übungen mit Minimalpaaren sollte darauf geachtet werden, dass die Kinder mit Sprachentwicklungsauffälligkeiten visuelle oder visuomotorische Hilfestellungen erhalten. So kann der zu differenzierende Laut farbig markiert sein, ein Lautbild zur Verfügung stehen oder die phonematischen Handzeichen mit eingesetzt werden.

Übungen mit einem Kind

- Sollte ein Kind häufig initiale Konsonanten auslassen, dann muss dies bei der Wortauswahl für die Spiele oder Übungen spezifisch berücksichtigt werden. Dem Kind werden in unterschiedlichen Übungen (Memory, Lotto, Arbeitsblatt) Wörter angeboten, die sich in ihrer Bedeutung dadurch unterscheiden, dass der Anlaut gesprochen

wird oder nicht (Aal – Schal, Aal – Wal, Eis – Reis, Eis – Mais, eisig – Reisig, Uhr – Kur, Uhr – Schnur, Igel – Riegel, Igel – Spiegel, Igel – Siegel, Arm – lahm). Es ist wichtig, dass das Kind die bedeutungsentscheidende Funktion der Anlaute erfährt.
- In ähnlicher Weise wird vorgegangen, wenn ein Kind oft finale Konsonanten auslässt. Die Wortauswahl berücksichtigt nun den Endlaut (Eis – Ei, Zweig – Zwei, wann – Wand, Bau – Baum, rau – Raum). Auch hier lassen sich viele unterschiedliche Spielformen einsetzen. Neben Minimalpaarmemorys eignen sich das bekannte Angelspiel, Wimmelbilder oder eine Abdeckübung an der Tafel.

Wichtige Wörter lernen! – Einpräghilfen für Fachbegriffe und neue Wörter

Ziel

Kinder mit Sprachentwicklungsauffälligkeiten, v. a. im Bereich des Wortschatzes, haben oft große Probleme beim Entschlüsseln und korrekten Speichern neuer Wortbedeutungen und der dazugehörigen Wortformen. Dies betrifft insbesondere Fachbegriffe, da sie oft phonologisch komplex und semantisch unbekannt sind. Ziel von Einpräghilfen für den Fachwortschatz ist es, eine Verbesserung der Vernetzung zwischen der Wortbedeutung und deren Lautfolge (Wortform) herzustellen und so eine erfolgreichere Speicherung der Wörter zu erreichen.

Kurzbeschreibung

Die im Unterricht zu erlernenden (Fach-)Wörter müssen semantisch und phonologisch korrekt zur Verfügung stehen, damit das Kind erfolgreich am weiteren Unterricht teilnehmen kann. Daher sollte Wortschatzarbeit als generelles Unterrichtsprinzip verstanden (Reber & Schönauer-Schneider, 2014) und in allen Schulfächern berücksichtigt werden. Gerade bei Schülern mit Problemen im Bereich des Wortschatzes muss dies aufbauend erfolgen. In den meisten Fächern strukturiert das jeweilige Unterrichtsthema die Auswahl der Wörter. So

3.2 Handlungsmöglichkeiten zur Sprachförderung im Klassenkontext

sollten zunächst geeignete Wörter ausgewählt, eingeübt und anschließend vielfältig in unterschiedlichen Situationen abgerufen werden. Letzteres festigt den »Einbau« der Zielwörter ins mentale Lexikon und unterstützt den schnellen Abruf und damit die korrekte Anwendung der Wörter (Glück, 2003; Reber & Schönauer-Schneider, 2014; Rothweiler, 2001a). Bei Kindern mit erheblichen Störungen im Wortschatzerwerb müssen über die nachfolgend beschriebenen Übungen hinaus spezifische therapeutische Formate Anwendung finden, die von sprachheilpädagogisch ausgebildeten Personen umgesetzt werden. Ein Beispiel dafür ist die Wortschatzsammler-Konzeption (Motsch & Ulrich, 2012), die unter Kapitel 3.3.2 vorgestellt wird.

Anwendungsbereich und mögliche Anwendungsprobleme

Die Übungen können mit der ganzen Klasse oder in Kleingruppen als Spiel durchgeführt werden. Dabei werden die Kinder mit Sprachentwicklungsproblemen besonders berücksichtigt. Die Lehrkraft sollte darauf achten, dass die Kinder mit Sprachentwicklungsauffälligkeiten beide Wortschatzdimensionen erwerben, also sowohl den Inhalt eines Wortes als auch dessen Lautfolge. Dazu müssen sie immer wieder zum aktiven Anwenden des Wortes in unterschiedlichen Kontexten angeregt werden. Die Abrufgeschwindigkeit für neue Wörter ist meist geringer als bei den sprachentwicklungsnormalen Mitschülern. Den Kindern muss daher ausreichend Zeit eingeräumt werden.

Beschreibung der Handlungsmöglichkeit

Ein sehr sinnvolles Vorgehen beim unterrichtlichen Erwerb neuer Wörter bzw. von Fachwörtern beschreiben Reber und Schönauer-Schneider (2014). Zunächst sind verschiedene Kriterien bei der Auswahl zu behandelnder Wörter zu beachten, anschließend müssen konkrete Spiel- und Unterrichtssituationen geplant werden, in denen diese Wörter nach und nach eingeführt werden. Anschließend sind unterschiedliche Übungssequenzen zu realisieren, die den aktiven Abruf dieser Wörter notwendig machen.

Auswahl eines geeigneten Wortschatzes zu einer unterrichtsrelevanten Thematik (s. Reber & Schönauer-Schneider 2014, S. 103)

Bei der Auswahl von Wörtern müssen verschiedene Faktoren berücksichtigt werden. Es sollten

- Wörter ausgewählt werden, die im Alltag und während der Unterrichtsthematik häufig vorkommen. Sie sind umfangreicher einsetzbar als seltenere Wörter und werden daher häufiger abgerufen.
- eher konkrete als abstrakte Begriffe berücksichtigt werden. Konkrete Begriffe werden von den Kindern schneller erlernt, da sich ihnen die Wortbedeutung schneller erschließt.
- Wörter mit geringer phonologischer Komplexität ausgewählt werden, da sie einfacher abzuspeichern sind als phonologisch komplexere Begriffe. Konkret heißt dies, dass neue Wörter möglichst nicht mehr als zwei Silben haben, keine Mehrfachkonsonanz bzw. Konsonantencluster aufweisen und möglichst keine fremdsprachigen Wörter mit ungewöhnlicher Betonung oder Silbenstruktur sein sollten.
- nicht nur Nomen, sondern auch gezielt Wörter anderer Wortarten vermittelt werden.
- die sehr häufigen Funktionswörter (Pronomen, Präpositionen, Konjunktionen) besonders berücksichtigt werden. Sie bereiten den Kindern mit Sprachentwicklungsstörungen oft Probleme, sind jedoch für eine schnelle und erfolgreiche Kommunikation maßgeblich und daher sowohl rezeptiv als auch produktiv sehr sorgfältig zu erarbeiten.

Konkrete Spielhandlungs- oder Lernsituation planen und umsetzen

Die Einführung neuer Wörter sollte in drei Stufen erfolgen. Zunächst wird der Wortschatz enaktiv (handelnd), dann ikonisch (bildlich) und schließlich symbolisch (formal) (Bruner, Oliver & Greenfield, 1971) vermittelt. Günstig ist es, wenn in einem ersten Schritt Realgegenstände betrachtet werden können. So kann echtes Obst und Gemüse mitgebracht werden. Dieses wird nicht nur vom Namen her benannt, sondern auch beschrieben (klein, grün, stachlig), geschmeckt (süß, sauer) und gerochen (fruchtig). Die Lehrkraft sollte wissen, dass die neuen Begriffe bei der Einführung rezeptiv und möglichst häufig und vielfältig präsentiert werden und möglichst alle Aspekte des Wortes ansprechen. Der jeweilige Begriff sollte in seiner inhaltlichen (z. B. Stachelbeere: Obst, grün), seiner lexikalischen (vier Silben) und seiner syntaktisch-morphologischen Bedeutung (zusammengesetztes Nomen, weiblich) verwendet werden.

Anschließend produzieren die Schüler die Wörter selbst. Dies erfolgt möglichst zeitnah zur Präsentation durch das Chor- und Nachsprechen, durch Silbenklatschen, Stimmvariationen und vielfältige andere Übungen.

In einem nächsten Schritt werden dann Bilder betrachtet (z. B. Fotos, die während der ersten Unterrichtseinheit entstanden) und in Spielen und Übungen (Memory, Angelspiel, Na logo) sprachlich aktiv verwendet. Symbolische Situationen, z. B. ein Gespräch über ein Wort ohne visuelle Unterstützung, schließen sich an, wenn das Kind schon recht sicher das jeweilige neue Wort benennen kann.

Diese Spielhandlungssituationen lassen sich in schulische Routineabläufe einordnen. So können im Morgenkreis an jedem Montag oder zu Beginn eines Unterrichtstages neue Wörter eingeführt werden, die dann im Laufe des Vormittages oder während der Wochenplanarbeit an einer bestimmten »Wörterstation« differenziert geübt werden (Mahlau & Herse, 2017).

Übungen zur Festigung und zum aktiven Abruf neuer Wörter

Es gibt unterschiedliche Übungen, die den Abruf neuer Wörter zum Inhalt haben. Die nachfolgend beschriebenen Übungen stellen eine Auswahl dar (Mahlau & Herse, 2017; Mußmann, 2012; Reber & Schönauer-Schneider, 2014).

- Pantomime: Ein Kind zieht einen Papierstreifen oder ein Bild aus einer Wörterkiste, auf dem ein Begriff abgebildet ist, welcher gerade im Unterricht bedeutsam ist. Diesen stellt es vor der Klasse pantomimisch dar. Die Gruppe/das Kind, die/das zuerst den Begriff errät, erhält einen Punkt. Danach kommt ein weiteres Kind nach vorne,

zieht einen Begriff aus der Wörterkiste und stellt ihn pantomimisch dar.
- Wortschatzkiste: In eine Wortschatzkiste werden von der Lehrkraft ausgewählte Wörter hineingetan. Diese beinhalten die für das Unterrichtsverständnis wichtigsten Begriffe. Ein Kind wird aufgefordert, einen Begriff aus dieser Kiste zu ziehen und ihn korrekt zu beschreiben. Sprachlich gewandtere Kinder können auch einen Satz aufschreiben oder eine kleine Geschichte erzählen.
- Wort des Tages/Worte der Woche: Zu einem festgelegten Zeitpunkt während des Unterrichtstages darf ein Kind aus einer Wortschatzkiste ein Wort ziehen. Dieses wird anschließend in der Klasse besprochen. Sinnvoll ist es, wenn in der Wortschatzkiste Wörter enthalten sind, die einen Bezug zum Unterrichtsthema haben. Das Wort wird dann im Klassenzimmer aufgehängt und ist für den Tag »das Wort des Tages«. Zum Wochenabschluss sind fünf Wörter ausgewählt, die »die Worte der Woche« darstellen. Die Kinder können nun das wichtigste Wort bestimmen, zusammen mit der Lehrkraft darüber sprechen, wie sie sich die Wörter einprägen wollen und womit sie die Begriffe assoziieren (Reber & Schönauer-Schneider, 2014).
- Unbekannte Wörter erklären: Am Ende einer Woche darf ein Kind ein unbekanntes Wort mit nach Hause nehmen. Gemeinsam mit der Familie soll es die Bedeutung des Wortes herausfinden. Am Anfang der neuen Woche kann das Kind seinen Mitschülern das Wort erklären (Mahlau & Herse, 2017).

Das weiß ich über Sprache! – Bewusstheit über sprachliche Strukturen entwickeln

Ziel

Um das Erlernen unterschiedlicher sprachlicher Strukturen zu unterstützen, sind Maßnahmen, die den Kindern die Wahrnehmung derselben erleichtern, wichtig. Eine besonders wichtige Maßnahme ist das bewusste Reflektieren über Sprache. Die Förderung der metasprachlichen Fähigkeiten dient sowohl dem erfolgreichen Spracherwerb als auch dem gelingenden Schriftspracherwerb. Ziel ist es, Kindern mit Sprachentwicklungsauffälligkeiten den Erwerb sprachlicher Strukturen, wie die richtige Aussprache oder die korrekte Grammatik, zu erleichtern.

Kurzbeschreibung

Metasprache ist das bewusste, reflektierte Sprechen über Sprache und sprachliche Phänomene. Das Werkzeug hierfür ist die Sprache selbst. Gerade mit dem Eintritt in die Schule und dem Erlernen des Schriftspracherwerbs widmen sich die Kinder der Reflexion sprachlicher Regeln (Forster & Martschinke, 2008; Küspert, 1998; Küspert & Schneider, 1999; Mahlau, 2017; Mahlau & Herse, 2017; Mußmann, 2012).

- Unter *phonologischer Bewusstheit* wird das Erkennen von Gemeinsamkeiten und Unterschieden in der Lautfolge von Wörtern verstanden. Es wird die phonologische Bewusstheit im weiteren und im engeren Sinne voneinander unterschieden. Während sich die phonologische Bewusstheit im weiteren Sinne auf vorschulisch zu erwerbende größere lautliche Einheiten, wie Reime und Silben, bezieht, widmet sich die phonologische Bewusstheit im engeren Sinne der phonematischen Differenzierung und damit dem Einzellaut (Mannhaupt & Jansen, 1989). Diese Fähigkeit wird durch das Erkennen von An- und Endlauten oder der Unterscheidung ähnlich klingender Laute, wie [t] und [d], geübt.
- Unter der *semantischen Bewusstheit* wird das Reflektieren über Bedeutungsstrukturen zwischen Wörtern (und auch Sätzen und Texten) verstanden. Dazu gehört u. a. das Erarbeiten von Wortfeldern, das Erkennen von semantischen Relationen (Ober- und Unterbegriffe) und das Erlernen von Fachbegriffen.
- Unter der *syntaktischen Bewusstheit* versteht man die Fähigkeit, über die Korrektheit des Satzbaus zu reflektieren.
- Die *pragmatische Bewusstheit* beinhaltet die Fähigkeit, über soziale Regeln der Sprache nachzudenken, wie beispielsweise über Höflichkeit bei der Wortwahl, Sprachwitz, Ironie und Sarkasmus. Auch

das Einschätzen der Adäquatheit und Vollständigkeit einer Äußerung gehört dazu (Mußmann, 2012). Studien haben gezeigt, dass v. a. die phonologische Bewusstheit eine erhebliche Rolle für den erfolgreichen Erwerb der Schriftsprache spielt (Hübner, 2016; Küspert, 1998; Marx, Weber & Schneider, 2005). Auch innerhalb der Therapien phonologischer Störungen (Fox, 2007; Jahn, 2001) stellt sie einen wesentlichen Baustein dar. Daher ist die Förderung metaphonologischer Fähigkeiten im inklusiven Unterricht besonders zu berücksichtigen.

Anwendungsbereich und mögliche Anwendungsprobleme

Eine gezielte Förderung der metasprachlichen Kompetenzen kann sowohl bei der ganzen Klasse als auch bei einzelnen Kindern mit Sprachauffälligkeiten erfolgen. Das bewusste Reflektieren über formale Aspekte der Sprache unterstützt das Sprachlernen aller Kinder, es dient auch der Vorbereitung auf den Erwerb von Fremdsprachen. Studien haben gezeigt, dass Kinder mit kognitiven und sprachlichen Problemen häufig Einschränkungen in der Entwicklung metasprachlicher Fähigkeiten zeigen (Hübner, 2016; Mahlau, 2008). Sie erlernen die Reimfähigkeit, die Silbensegmentierungsfähigkeit und die phonematische Differenzierung um bis zu vier Jahre verzögert (Hübner, 2016). Dies muss bei der Unterrichtsplanung berücksichtigt werden, indem ggf. auch noch Schülern in der vierten Klasse einfachste metasprachliche Übungen angeboten werden.

Beschreibung der Handlungsmöglichkeit

Übungen zur Förderung der phonologischen Bewusstheit im weiteren Sinne

Unterschiedliche Spiele zur Förderung der Reimfähigkeit sind bei den Übungen zur Minimalpaarerkennung beschrieben. Folgende Spiele und Übungen können mit der ganzen Klasse zur Förderung der Silbensegmentierung durchgeführt werden (Mahlau & Herse, 2017).

3.2 Handlungsmöglichkeiten zur Sprachförderung im Klassenkontext

- Silbenanzahl des eigenen Namens erkennen: Die Lehrkraft fordert alle Kinder auf, deren Name aus einer Silbe (zwei, drei, vier und mehr Silben) besteht, nach vorn zu kommen. Um das herauszufinden, müssen alle Schüler ihre Namen sprechen und dazu klatschen.
- Längster und kürzester Name: Das Kind mit dem längsten Namen kommt nach vorn bzw. tritt in die Mitte des Stuhlkreises. Anschließend stellt sich der Schüler mit dem kürzesten Namen daneben. Ist die/der mit dem längsten Namen auch die/der mit der größeren Körperlänge?
- Silbenbögen zeichnen: Bild- oder Wortkarten hängen an der Tafel. Die Kinder klatschen oder hüpfen die Wörter, bestimmen so die Silbenanzahl und zeichnen die Silbenbögen unter jedes Wort. Es bietet sich an, unterrichtsrelevante Wörter zu nehmen, z.B. Fachbegriffe aus dem Sachkundeunterricht.

Übungen zur Förderung der phonologischen Bewusstheit im engeren Sinne

Übungen zur phonologischen Bewusstheit im engeren Sinne lenken die Aufmerksamkeit der Kinder auf die kleinste bedeutungsunterscheidende sprachliche Einheit, auf den Einzellaut, das Phonem. Unterschiedliche Übungen können den Kindern einzelne Laute bewusstmachen. Wichtig ist, dass immer mit den leicht hörbaren Lautstellungen (erst der Anlaut, dann der Endlaut) begonnen wird und erst später die Laute in der Mitte der Wörter gehört werden sollen. Besonders gut sind Vokale zu hören, daher sollte grundsätzlich mit dem Hören von Vokalen begonnen werden (Dummer-Smoch & Hackethal, 2007), bevor dann die Lautstellungen der gut hörbaren langen Konsonanten ([w], [l], [n], [m] usw.) und dann die der schlechter zu diskriminierenden kurzen Konsonanten ([t], [d], [g], [k]) in Wörtern herausgehört werden.

- An- und Endlaute bestimmen: Die Lehrkraft bittet diejenigen Kinder nach vorn zu kommen, deren Name mit einem bestimmten Laut beginnt. Diese Kinder erhalten eine kleine Aufgabe, die sich sinnvoll in den Unterrichtsablauf integrieren lässt, beispielsweise das Nachgehen des Buchstabens auf dem Boden oder das Nachspuren des Buchstabens an der Tafel. Dann kommen die Kinder nach vorn, die am Anfang ihres Namens einen anderen Laut haben. In ähnlicher Weise kann das Heraushören der Endlaute in Namen gespielt werden.

- Ziellaut herausfinden: Einige Realgegenstände, die mit dem Ziellaut beginnen, befinden sich versteckt unter einer Decke oder in Fühlsäckchen. Die Kinder erfühlen die Gegenstände und benennen sie. Mit welchem Laut beginnen alle Wörter? (z. B. Apfel, Aprikose, Ananas).

- Die Riesenwörterkette: Die Lehrkraft gibt im Stuhlkreis ein bestimmtes Wort vor und das neben ihr sitzende Kind soll ein neues Wort finden, das mit dem Laut beginnt, mit dem das vorherige Wort endete (z. B. Sahne – Esel – Luft – Timmi – Igel).

- Lautpositionen bei Realgegenständen heraushören: Aus einer Auswahl an Realgegenständen sollen die Kinder die Wörter mit dem Ziellaut heraussuchen. Anschließend kann bestimmt werden, welche Gegenstände den Ziellaut am Anfang, am Ende oder in der Mitte haben.

- Lautposition bei Bildern heraushören: An der Tafel oder der Wand sind Bilder mit dem Ziellaut befestigt. Die Begriffe enthalten den Ziellaut an verschiedenen Wortpositionen (vorn, innen, hinten). Unter den Bildern befinden sich Raster, die aus drei Kästchen bestehen. Die Kinder kennzeichnen die Lautposition durch Magnete oder Kreuze in den Rastern (Mahlau & Herse, 2017).

3.2.3 Handlungsmöglichkeiten zum Einsatz der Lehrersprache

Lehrersprache als Modell und Orientierung

Ziel

Die Lehrersprache und das sprachliche Modellverhalten der Lehrkraft sind im Unterricht relativ unkompliziert einzusetzende, wichtige pädagogische Mittel für ein erfolgreiches Unterrichten. Eine gezielt eingesetzte Lehrersprache unterstützt das Sprachlernen aller Kinder und hilft, individuelle Sprachstörungssymptome bei einzelnen Schülern zu verringern (Mahlau, 2017; Westdörp, 2010).

Kurzbeschreibung

Die Lehrersprache unterstützt das Sprach- und Aufgabenverständnis aller Kinder, in dem sie notwendige und effektive Verständnis- und Strukturierungshilfen bereitstellt. Nach Reber und Schönauer-Schneider (2014) gehören zu den allgemeinen Merkmalen einer sprachförderlichen Lehrersprache

- eine klare und nicht zu schnelle Artikulation,
- Satzkonstruktionen, die im Sprachniveau nur etwas über dem Niveau der Kinder liegen,
- die Reduzierung der Komplexität von Äußerungen und Arbeitsaufträgen.

Um das Verständnis von Aufgaben und curricularen Inhalten zu unterstützen, können zudem nonverbale Kommunikationstechniken, wie Mimik, Gestik, Blickkontakt, Raum- und Distanzverhalten, und die sogenannten parasprachlichen Techniken, z. B. ein langsames Sprechtempo, Stimmvariationen und eine gut modulierte Sprechmelodie, eingesetzt werden (Dannenbauer, 2002; Grohnfeldt, 2013; Mußmann, 2014; Reber & Schönauer-Schneider, 2014; Westdörp, 2010).

3 Handlungsmöglichkeiten zur Sprachförderung in inklusiven Schulklassen

Um Kinder mit Sprachentwicklungsstörungen beim Aufbau sprachlich korrekten Könnens zu unterstützen, sollte die Lehrkraft über den Einsatz von Modellierungstechniken (Dannenbauer, 2002) informiert sein und diese gezielt im Unterricht planen (▶ Tab. 4).

Tab. 4: Kindlichen Äußerungen nachfolgende Sprachmodelle in Anlehnung an Dannenbauer (2002, aus Mahlau, 2017) (Auswahl)

Bezeichnung der Modellierungstechnik	Kindliche Äußerung	Modellierung
Expansion (= Vervollständigung kindlicher Äußerungen unter Einbau der Zielstruktur)	»Kind laut«	Ja, das Kind weint ganz laut.
Korrektives Feedback (= Wiedergabe kindlicher Äußerungen mit berichtigter Zielstruktur)	»Du tanns tetz tommen!«	Ja, ich kann *jetzt* kommen. (Ziellaute besonders betonen)
Extension (= Sachlogische Weiterführung der kindlichen Äußerung unter Einbau der Zielstruktur)	»Toni Tutut holen muss.«	Toni muss die Trompete holen. Er möchte sein Lied üben.

Anwendungsbereich und mögliche Anwendungsprobleme

Die Lehrersprache ist einfach umzusetzen, da sie immer als »natürliches Sprachlehrelement« verfügbar ist. Um sie effektiv im Unterricht zu nutzen, sollten Lehrkräfte ihre Sprache besonders kontrollieren und im Unterricht Situationen einplanen, in denen sie sprachliche Formen in möglichst natürlicher Art und Weise vorgeben und Kinder mit Sprachentwicklungsauffälligkeiten gezielt zum Imitieren anregen. Eine Lehrkraft darf nie davon ausgehen, dass alle Kinder neue Wörter (z. B. Fachwörter) »nebenbei« im Unterricht erlernen. Kinder mit Sprachentwicklungsstörungen oder Zweitspracherwerb profitieren von einer gezielten Einführung neuer Wörter, die sowohl deren Aussprache als auch deren Bedeutung sichert (Mahlau, 2017).

3.2 Handlungsmöglichkeiten zur Sprachförderung im Klassenkontext

Beschreibung der Handlungsmöglichkeit

Wenn im Unterricht ein neues Thema oder ein neues Stoffgebiet behandelt wird, dann ist die Einführung neuer Wörter besonders zu beachten. Die Lehrkraft muss im Vorfeld überlegen, welche für den Unterrichtsverlauf wichtigen Wörter nicht allen Kindern bekannt sein könnten und wie diese Wörter besonders markant eingeführt und sinnvoll geübt werden sollten.

Einführung

Zunächst sollte die Lehrkraft sich lautsprachlich einfach zu unterscheidende Wörter einführen (beispielsweise beim Thema »Verkehrsschilder« im Sachunterricht: Stoppschild, Vorfahrt beachten, Einbahnstraße, Fußgängerüberweg, Verbot für Radfahrer usw.). Dabei müssen die Wörter zunächst sehr häufig von der Lehrkraft verwendet werden. Das Ziel ist die rezeptive Wahrnehmung der Wörter, das Wortverstehen, durch die Kinder. Dabei spricht die Lehrkraft immer wieder die entsprechenden Wörter betont, langsam, evtl. auch silbisch gegliedert, vor. Bei der Auswahl sollten möglichst bedeutsame Wörter zuerst eingeführt werden, z. B. wenn ein bestimmtes Verkehrsschild sich unmittelbar in der Nähe der Schule befindet (Fußgängerüberweg).

Aktive Verwendung durch den Schüler

Anschließend benennen die Kinder in Übungen die neuen Wörter aktiv. Das Ziel dieser Phase ist die Produktion der Wörter durch Nachsprechen oder Zuordnen, also die aktive Wortbenennung. Dabei initiiert die Lehrkraft immer wieder durch besondere Betonung mittels Lehrersprache oder Gesten die richtige Verwendung der Wörter durch die Kinder.

Differenzierung ähnlicher Wortbedeutungen und Wortformen

Danach sollten Übungsformen erfolgen, die auch dem Unterscheiden ähnlich klingender und bedeutungsähnlicher Wörter dienen. Das Ziel dieser Übungen ist die aktive, bedeutungsunterscheidende Verwendung der Wörter in unterrichtlichen Kontexten und damit die Festigung der Wörter sowie die korrekte Anwendung in unterschiedlichen Situationen. Dazu eignen sich Tafelbilder, die die Wortformen und die Aussprache der Wörter gegenüberstellen (Fahrer – Pfarrer; Schild – Schuld; Fußgängerweg – Fußgänger*über*weg). Kleine Rollenspiele können Wörter mit ähnlichen Wortbedeutungen unterscheiden helfen.

Zusätzliche Maßnahmen bei Kindern mit sprachlichen Problemen

Insbesondere bei Kindern mit sprachlichen Auffälligkeiten ist in bestimmten zeitlichen Abständen zu kontrollieren, ob sie die Wörter sowohl von der Bedeutung her verstanden haben als auch korrekt aussprechen können. Beachtet werden muss, dass gerade phonologisch komplexe, selten verwendete Wörter (Fußgängerüberweg, Einbahnstraße) von den Kindern schnell wieder vergessen werden (Glück, 2003). Eine häufige Wiederholung, z. B. zu Stundenbeginn als Spiel oder Rätsel, sollte eingeplant werden.

Bei Kindern mit diagnostizierten Sprachstörungen (z. B. auf der Ebene der Aussprache, des Wortschatzes oder der Grammatik) sind zusätzlich modellierende Maßnahmen der Lehrersprache einzusetzen. Die nachfolgenden Beispiele sollen dies verdeutlichen:

Kinder mit Aussprachestörungen, die beispielsweise die Laute [g] und [k] durch [d] und [t] ersetzen und bei denen die korrekte Anbildung der richtigen Ziellaute bereits erfolgt ist, können beim Lesen eines Textes gezielt durch die Lehrersprache unterstützt werden. Gemeinsam mit dem Lehrer lesen die Kinder einen kurzen Text, der besonders viele Wörter mit den Ziellauten [g] und [k] enthält (Ziellaute können farbig hervorgehoben werden, um die Aufmerksamkeit des Kindes noch stärker zu fokussieren). Die Lehrkraft spricht ggf. das Wort vor oder korrigiert bei falscher Aussprache. Dies kann auch bei spontanen Äußerungen, Bildbenennungen, Spielen, in denen Wörter mit den Ziellauten gesucht werden, Tafelbildern usw. erfolgen. Zusätzliche Maßnahmen, wie Lautbilder oder Lautgebärden, können ebenfalls unterstützend eingesetzt werden.

Zum Abbau von syntaktischen und morphologischen Problemen eignen sich ebenfalls modellierende Korrekturen (▶ Tab. 4). So kann beispielsweise ein Kind, das die Perfektform noch nicht sicher beherrscht, am Ende eines Schulvormittags ansagen, was es heute im Unterricht gemacht hat. Die Lehrkraft gibt dem Kind die Zielform vor: »Sonja, wir haben in der ersten Stunde *ge*schrieben. Was haben wir in den anderen Stunden gemacht?« Dabei betont die Lehrkraft die Zielform *ge*. Sonja antwortet nun: »Wir haben gerechnet, gelesen und geturnt«. Sollten die Kinder bei der aktiven Verwendung der Vorsilbe *ge* unsicher sein, dann spricht die Lehrkraft die ersten Formen mit oder vor, danach korrigiert sie die kindlichen Äußerungen nur noch, wenn diese falsch sind. Sehr unterstützend sind Visualisierungen wie Piktogramme (s. Übungsvorschläge zu den Orientierungs- und Strukturierungshilfen), die die Tätigkeiten des Schultages verdeutlichen. So muss das Kind nicht nach den Begriffen suchen und die Lehrkraft weiß, welches Wort das Kind sagen möchte (Mahlau, 2017).

Sprache veranschaulichen – Reduzierungen, Strukturierungen und Visualisierungen

Ziel

Um die Aufmerksamkeit der Kinder auf bestimmte sprachliche Zielstrukturen zu lenken und den Wortschatz zu festigen, eignen sich neben der Lehrersprache auch Maßnahmen zur Veranschaulichung der beabsichtigten Inhalte. Die Bedeutung des Gesprochenen kann durch Reduzierungen auf das jeweilige sprachliche Ziel, durch bestimmte Strukturierungen, die die Zielform besonders häufig wiederholen und betonen, oder durch Visualisierungen verdeutlicht werden (Lüdtke, 2015; Lüdtke & Stitzinger, 2015). Ziel dieser Handlungsmöglichkeit ist es, die Lehrkräfte zum Reflektieren sprachlicher Barrieren und zum Anpassen von Arbeitsmaterialien zu befähigen.

3 Handlungsmöglichkeiten zur Sprachförderung in inklusiven Schulklassen

Kurzbeschreibung

Reduzierungen von Texten und Aufgabenstellungen, eine strukturierte Vorgabe von Handlungsabläufen und Visualisierungen sind im Umgang mit Kindern mit Spracherwerbsstörungen essentiell, um ihnen die Teilnahme am Unterricht zu ermöglichen (Lüdtke, 2015; Lüdtke & Stitzinger, 2015; Mußmann, 2014; Reber & Schönauer-Schneider, 2014). Viele der sprachlich altersangemessenen Formulierungen in Lehrbüchern oder auf Arbeitsblättern verstehen Kinder mit Wortschatzproblemen nicht, da sie die Bedeutung der Wörter nicht entschlüsseln können. Syntaktisch komplex formulierte Sätze (beispielsweise eingeschobene Nebensatzkonstruktionen) oder eine veränderte zeitlogische Reihenfolge erschweren die korrekte Sinnentnahme für Kinder mit Problemen im Bereich der Grammatik. Es gilt, dies während der Unterrichtsvorbereitung und -durchführung zu erkennen und diese sprachlichen Barrieren zu verringern oder ganz abzubauen.

Anwendungsbereich und mögliche Anwendungsprobleme

Grundsätzlich sollten Maßnahmen zur Erhöhung der Anschaulichkeit von Unterrichtsinhalten in jedem inklusiven Unterricht eingesetzt werden. Diese Maßnahmen beziehen sich auf eine zielgruppenspezifische oder auch individuelle Differenzierung. Wichtig ist es, dass die Lehrkräfte bereits in der Phase der Unterrichtsvorbereitung über den passenden Einsatz von Methoden und Materialien reflektieren. Dies kann sich unter Umständen als sehr zeitintensiv herausstellen. Das Ziel dieser Maßnahmen – die aktive und erfolgreiche Teilnahme aller Kinder am Unterricht – rechtfertigt jedoch den Aufwand.

Beschreibung der Handlungsmöglichkeit

Reduzierungen

Die Reduzierung von Aufgabenstellungen und Lesetexten auf das Wesentliche ist notwendig, da Kinder mit Sprachauffälligkeiten durch einen eingeschränkten Wortschatz und Probleme beim Schriftspracher-

3.2 Handlungsmöglichkeiten zur Sprachförderung im Klassenkontext

werb Einschränkungen in der Sinnerfassung haben können. Die Lehrkraft sollte darauf achten, dass Texte folgenden Kriterien genügen (Reber & Schönauer-Schneider, 2014):

- Es sollten kurze, einfache Sätze formuliert werden.
- Die Reihenfolge der Aussagen sollte dem Ablauf der Handlung entsprechen.
- Es muss ein einfacher, dem Kind bekannter, Wortschatz verwendet werden.
- Wörter, die sich morphologisch stark ändern (z. B. lesen – las), sollten vermieden werden.
- Auch Wörter, die ähnlich klingen, sollten reduziert werden.
- Pronomen sollten nur selten das Nomen ersetzen. Es ist besser, Nomen zu wiederholen.
- Die Lehrkraft sollte stets kontrollieren, ob die Kinder alles richtig verstanden haben.

Im Beispiel in Abbildung 10 wird gezeigt, wie ein Fachtext auf die wesentlichen Inhalte reduziert werden kann. Links ist der Originaltext dargestellt, rechts die für Kinder mit Sprachentwicklungsauffälligkeiten (und auch Lesestörungen) angepasste Form.

Der **Eisbär**, auch als Polarbär bezeichnet, ist eine Raubtierart aus der Familie der Bären. Er bewohnt die nördlichen Polarregionen und ist das größte an Land lebende Raubtier der Erde. Das gelblich-weiße Fell ist sehr dicht, ölig und wasserabweisend. Interessant ist, dass bei ausgewachsenen Tieren die Haut schwarz ist. Der Geruchssinn der Eisbären ist ungewöhnlich gut ausgebildet. Auch das Gehör ist recht empfindlich. Wissenschaftler nehmen an, dass das Höchstalter von Eisbären in freier Natur 25 bis 30 Jahre beträgt.	**Der Eisbär** Der Eisbär ist das größte Raubtier auf dem Land und lebt am Nordpol. Er hat ein helles Fell, aber schwarze Haut. Seine Sinne sind sehr gut ausgebildet. Daher kann er sehr gut hören und sehen. Der Eisbär kann bis zu 30 Jahre alt werden.

Abb. 8: Beispiel für einen auf wesentliche Inhalte reduzierten Fachtext

3 Handlungsmöglichkeiten zur Sprachförderung in inklusiven Schulklassen

Strukturierung

Um die Sinnerfassung zu erleichtern, kann die visuelle Erfassung/ Wahrnehmung durch eine größere Schrift und Maßnahmen zur Textgliederung unterstützt werden. Weiterhin ist es notwendig, Arbeitsabläufe für Kinder mit Sprachentwicklungsauffälligkeiten hochgradig und kleinschrittig zu strukturieren und intensiv einzuüben. Dies ermöglicht eine erfolgreichere Erfassung von beispielsweise Textverständnis und Sinnzusammenhang (Mußmann, 2012). Ein einfacher Text, bestehend aus vier bis fünf kurzen Sätzen, wird von den Kindern selbstständig gelesen. Anschließend werden Fragen gestellt, um die Erfassung des Textinhaltes zu strukturieren. Das folgende Beispiel verdeutlicht das Vorgehen bei der Erarbeitung von kurzen Texten (Mahlau & Herse, 2017) anhand der obigen Textvereinfachung »Der Eisbär«.

Überschrift

- Wie lautet die Überschrift des Textes? (Der Eisbär)
- Um was wird es im Text gehen, wenn die Überschrift »Der Eisbär« lautet?

Was weißt du schon?

- Welche Wörter sind die wichtigsten in jedem Satz? (Die wichtigsten Wörter werden farbig markiert: Eisbär, Raubtier, helles Fell, schwarze Haut, sehr gute Sinne, 30 Jahre).
- Stelle dir den Satz als kleinen Film oder als Bild vor.
- Male ein Bild zu jedem Satz.

Was musst du noch herausfinden?

- Welche Wörter kennst du nicht? Kennzeichne die unbekannten Wörter mit einer anderen Farbe (z. B. Sinne, Raubtier, ausgebildet).
- Frage nach dem Inhalt der Wörter.

Kannst du die Geschichte/den Text erzählen?

- Gib den Inhalt der Geschichte mit Hilfe der wichtigen Wörter wieder.
- Gib den Inhalt mit eigenen Worten wieder.
- Hast du alles richtig verstanden?

In ähnlicher Weise werden Sachaufgaben strukturiert. Für Sachaufgaben sollte den Kindern ebenfalls ein Leitfaden zur Erarbeitung der Inhalte vermittelt werden. Es eignen sich besonders Piktogramme oder prägnante Sätze, um das Verständnis für die Aufgabeninhalte und die Merkfähigkeit für die korrekte Arbeitsabfolge zu erleichtern.

Visualisierungen

Bestimmte Routineabläufe im Unterricht lassen sich sehr gut durch Piktogramme visualisieren. Die auf den Piktogrammen abgebildeten Abläufe, Tätigkeiten, Arbeitsanweisungen oder auch Lerntechniken (Abfragen, Abschreiben, Vergleichen) und Sozialformen (Einzel-, Gruppen- oder Partnerarbeit) unterstützen die Erfassung der geplanten Unterrichtsinhalte und -formen. Auch andere Formen der Visualisierung, wie z. B. Merk- oder Regelplakate, lassen sich schnell herstellen und dienen über eine längere Zeit der Visualisierung von Anweisungen, die im Unterricht häufig formuliert werden. Dazu wird das Plakat gut sichtbar im Klassenraum befestigt. Die wichtigsten Arbeitsanweisungen können je nach Unterrichtsmethodik der Lehrkraft variieren.

3.2.4 Handlungsmöglichkeiten zur Gestaltung einer sprach- und kommunikationsförderlichen Umgebung

Echte Kommunikationssituationen schaffen

Ziel

Zentrales und übergreifendes Ziel sprachheilpädagogischer Intervention ist die Herstellung der sprachlichen Handlungsfähigkeit. Kinder mit Sprachentwicklungsauffälligkeiten haben häufig Probleme im Aufbau von kommunikationsadäquaten Strategien wie das Einbringen in Kommunikationssituationen und das Interesse an kommunikativen Situationen (Kannengieser, 2012). Ziel dieser Handlungsmöglichkeit ist es daher, Lehrkräfte in der Planung von kommunikationsförderlichen Situationen zu unterstützen.

Kurzbeschreibung

Nach Sallat und Spreer (2014) sind die Zielstellungen zur Herstellung von Konversationsfähigkeiten das Geben von Instruktionen und das Führen von Gesprächen. Echte Kommunikationsstrukturen lassen sich in vielfältigen Situationen innerhalb und außerhalb des Unterrichts finden. Dabei steht insbesondere der Ausbau inhaltlicher, situativer und personeller Flexibilität in den kindlichen Äußerungen im Mittelpunkt der Förderung. Es werden unterschiedliche Förderkontexte mit steigender Komplexität und Flexibilität unterschieden (▶ Abb. 9; Sallat & Spreer, 2014, S. 162).

Sprachstrukturarbeit

- Inhalt: isolierte Arbeit an den Lauten, dem Wortschatz, an syntaktisch-morphologischen Regeln
- Ziel: Herstellung der Verständlichkeit und eines ausreichend umfassenden Wortschatzes

3.2 Handlungsmöglichkeiten zur Sprachförderung im Klassenkontext

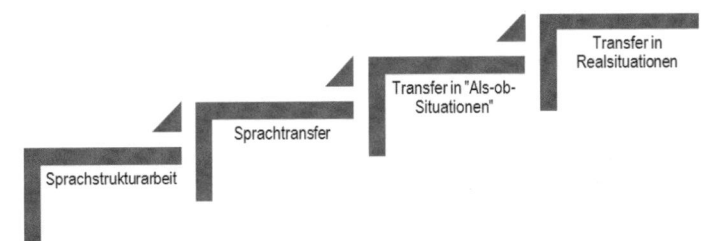

Abb. 9: Anstieg der Komplexität von Förderkontexten (nach Sallat & Spreer, 2014, S. 162)

Sprachtransfer

- Inhalt: Übertragung der Sprachstruktur in Phrasen, Sätze und Kurzdialoge
- Ziel: Anwendung der erlernten Sprachstrukturen in kurzen oder vorkommunikativen Situationen

Transfer in »Als-ob-Situationen«

- Inhalt: strukturierte, eher künstlich hergestellte Übertragung in den Lebensweltbezug, die Anzahl der beteiligten Akteure ist überschaubar und für das Kind daher gut zu bewältigen
- Ziel: Aufbau kommunikativer Kompetenz, wie Gesprächsregeln, Gesprächseröffnungen, Verabschiedungen, Satzformeln in unterschiedlichen Situationen (einkaufen, zur Sekretärin gehen und etwas holen usw.)

Transfer in Realsituationen

- Inhalt: natürliche, wechselnde Kontexte der Lebenswelt, Akteure sind verschieden, ihr Handeln ist nicht eindeutig vorhersehbar
- Ziel: Herstellung der Kommunikationsfähigkeit in unterschiedlichen, nicht geplanten Realsituationen

Innerhalb der kommunikativ-pragmatischen Förderung werden indirekte und direkte Interventionen unterschieden. Mit jüngeren oder kognitiv eingeschränkten, aufmerksamkeitsschwachen Kindern wird indirekt an der Kommunikationsfähigkeit gearbeitet, mit älteren Kindern – ab dem Grundschulalter – sowie Jugendlichen kann bereits die direkte Intervention durchgeführt werden. Dabei werden sprachliche Anforderungen in unterschiedlichen kommunikativen Situationen bewusst betrachtet und sprachlich erarbeitet (► Tab. 5). Die direkte Intervention kann durchaus Gegenstand im Unterricht sein, wenn curriculare Ziele durch das gezielte Üben des Sprachhandelns erreicht werden sollen.

Tab. 5: Interventionsformen bei pragmatischen Auffälligkeiten (Sallat & Spreer, 2014)

Indirekte Intervention	Direkte Intervention
• implizites Lernen • ohne Reflexion der Situation • ohne Reflexion des Sprachhandelns	• explizites Lernen • Bewusstmachen der Situation • reflektiertes Sprachhandeln • Erarbeitung und Einübung situationsadäquaten Sprachhandelns

Anwendungsbereich und mögliche Anwendungsprobleme

Es ist im Einzelfall abzuwägen, ob mit dem Kind direkt oder indirekt gearbeitet wird. Wichtig für Lehrkräfte der Grundschule ist es zu wissen, dass sich in der Zielstellung der Förderung pragmatischer Fähigkeiten und dem Bereich »Gespräche führen« der Rahmenrichtlinien Deutsch der Grundschule (KMK, 2004) eine Überschneidung ergibt (Mahlau, 2015).

Beschreibung der Handlungsmöglichkeit

Beispiele für die indirekte Förderung

- Bildergeschichten legen und nacherzählen,
- Bücher anschauen und gemeinsam über den Inhalt sprechen (*literacy*),

3.2 Handlungsmöglichkeiten zur Sprachförderung im Klassenkontext

- Rollenspiele spielen: z. B. Einkaufsladen, Mutter-Vater-Kind, Besuch bekommen,
- Routinen einführen: z. B. »Guten Tag« und »Auf Wiedersehen« sagen, Satzmuster im Morgenkreis einführen, wie »In dieser Woche möchte ich ...«,
- Interview eines Großelternteils zu seiner eigenen Schulzeit (zur Lieblingssportart, zur schönsten Kindheitserinnerung) als Hausaufgabe aufgeben, evtl. Sätze vorformulieren,
- »Sprechzeiten« für sehr sprechgehemmte Kinder einführen, dabei etwas »Schönes« machen: z. B. ein Eis essen, einen Spielplatz besuchen, ein Brettspiel spielen,
- Themen besprechen, die die Kinder interessieren und in denen sie sich inhaltlich gut auskennen.

Beispiele für die direkte Förderung

- Rollenspiele im Sinne von kleinen Theaterstücken oder Sketchen einüben, z. B. die Weihnachtsgeschichte, ein Märchen oder einen Sketch, anschließend über die sprachlichen Besonderheiten und spezifischen Anforderungssituationen reflektieren,
- Gesprächsgestaltung zu unterschiedlichen Kommunikationssituationen üben, z. B. »Wie spreche ich fremde Personen an?«, »Wie frage ich nach dem Weg?«, »Wie frage ich eine Verkäuferin nach etwas, was ich im Laden nicht finde?« usw.,
- im Deutschunterricht die Rollen der Sprecher und Hörer untersuchen, dabei die unterschiedlichen Perspektiven einnehmen,
- Verstehens- und Verständigungsprobleme thematisieren und dafür Lösungen finden (KMK, 2004; Sallat & Spreer, 2014).

3.2.5 Handlungsmöglichkeiten zur Förderung des eigenständigen Spracherwerbs und kommunikativer Strategien

Förderung des eigenständigen Wortschatzerwerbs

Ziel

Um den eigenen Wortschatz selbstständig und sukzessive erweitern zu können, müssen den Kindern spezielle Strategien vermittelt werden. Dazu gibt es eine ganze Reihe von Anregungen aus dem Bereich des selbstgesteuerten Fremdspracherwerbs, die sich – modifiziert – zur Förderung der sprachlichen Selbstkompetenz einsetzen lassen, um den Wortschatzerwerb im inklusiven Unterricht zu unterstützen. Diese Strategien können von allen Kindern beim Erwerb von Fremdsprachen eingesetzt werden. Bei Kindern mit geringem unterrichtssprachlichem Wortschatz dienen sie der Ausdifferenzierung und Erweiterung des Deutschen.

Kurzbeschreibung

Kindern mit Problemen im Wortschatzerwerb sollte auf drei Ebenen Wissen vermittelt werden, wie sie ihren Wortschatz eigenständig erweitern können (Reber & Schönauer-Schneider, 2014).

Ebene 1: Erwerb von Strategien darüber, welche Wörter unbekannt sind und wie sich deren Wortbedeutung erschließen lässt.

Ebene 2: Erwerb von Strategien, wie die Erkenntnisse über neue Wörter in das Langzeitgedächtnis übertragen werden können (Mnemostrategien).

Ebene 3: Erwerb von Strategien, wie Kommunikationssituationen aufrechterhalten werden können, auch wenn keine adäquaten Wörter zur Verfügung stehen. Diese Ebene wird nur bei Schülern mit erheblichen Wortschatzeinschränkungen eingesetzt, bei denen es aufgrund des geringen Wortschatzes zu gravierenden Problemen in der Kommunikation mit anderen Personen kommen kann.

Anwendungsbereich und mögliche Anwendungsprobleme

Die Handlungsmöglichkeit vermittelt kognitive Strategien. Es sollte im inklusiven Unterricht darauf geachtet werden, dass ein adäquater Aufbau der drei Erwerbsstrategien erfolgt.

Beschreibung der Handlungsmöglichkeit

Ebene 1: Erwerb von Strategien zur Erschließung der Wortbedeutung

Im Unterricht wird ein kurzer Text zur aktuellen Thematik erarbeitet. Im Text befinden sich auch Wörter, die den Kindern sowohl von der Phonologie (Lautgestalt) als auch von der Wortbedeutung her unbekannt sind/sein könnten. Diese Wörter werden herausgesucht, farbig markiert und hinsichtlich ihrer Bedeutung geklärt. Wichtig ist, dass die Lehrkraft den Kindern die Wortbedeutung nicht einfach vorgibt, sondern sie zum gezielten Nachfragen anregt. Jede Nachfrage wird positiv verstärkt. Bei dieser Übung sollte differenziert vorgegangen werden. So erhalten Kinder mit Sprachentwicklungsauffälligkeiten Texte mit einer geringeren Anzahl von neuen Wörtern, da sie schon Schwierigkeiten haben werden, sich wenige Wörter zu merken. Dabei muss beachtet werden, dass die wichtigsten Wörter im Text vorkommen. Weitere Differenzierungen können erfolgen, indem die »schwierigen« Wörter bereits farbig markiert worden sind. Die Bedeutung dieser Wörter ist in einer Spalte am Rand oder auf einem »Worterklärungsblatt« dargestellt und kann selbstständig nachgelesen werden. Sprachlich sehr gut entwickelten Kindern kann dabei auch der adäquate Umgang mit Lexika oder Internetseiten zum Nachlesen der Wortbedeutung vermittelt werden.

Ebene 2: Erwerb von Strategien zum Merken der Wörter

Die Lehrkraft übt mit den Schülern, wie man sich ein Wort durch häufiges Wiederholen besser merken kann. Jüngere Kinder können dazu Identifikationsfiguren, wie Handpuppen, nachahmen. Zum Merken der Lautgestalt wiederholt die Lehrkraft – bzw. die Handpuppe – das neue Wort immer wieder auf unterschiedliche Art und Weise, z. B. durch

- lautes oder leises Sprechen,
- schnelles oder langsames Sprechen,
- hohes oder tiefes Sprechen,
- silbisches Sprechen (wie ein Außerirdischer),
- phonematisches Sprechen (wie ein Roboter).

In weiteren Übungen sollten die Wörter Anwendung in Sätzen und Texten finden. So können sie als einzelnes Wort in einen Lückensatz geschrieben werden, es kann ein sinnvoller Satz mit diesem Wort gebildet werden (verbalsprachlich, aber auch schriftsprachlich) und das Wort kann in einem Text korrekt verwendet werden.

Mnemostrategien werden dadurch unterstützt, dass die Wortbedeutung auch mit den visuellen, taktilen und gustatorischen Sinneskanälen verbunden wird. Wie fühlt sich der Gegenstand an, wie sieht er aus, wie schmeckt und riecht er?

Gut geeignet sind weiterhin Merkstrategien, die den emotionalen Bereich ansprechen, z. B. wenn sich ein neues Wort auf ein lustiges anderes Wort reimt. Zum selbstständigen Wissens- und damit auch Worterwerb können Eselsbrücken oder Merkverse und Merkreime eingesetzt werden (Mahlau & Herse, 2017).

Ebene 3: Erwerb von Strategien zum Aufrechterhalten der Kommunikation

Besonders umfassende Wortlernschwierigkeiten oder Wortabrufprobleme stellen Kinder vor eine sehr schwierige Situation. Oft gelingt es ihnen nicht, sich anderen Personen verständlich zu machen, da ihnen

3.2 Handlungsmöglichkeiten zur Sprachförderung im Klassenkontext

die korrekten Wörter nicht einfallen, oder sie verstehen den Kommunikationspartner nicht, weil ihnen die Wortbedeutung zentral wichtiger Wörter nicht bekannt ist. Schwerwiegende Nachfolgeprobleme in der sozialen und emotionalen Entwicklung sind die Folge. Daher ist es wichtig, dass die Kinder lernen, bei Schwierigkeiten nicht die Kommunikation mit anderen Personen zu beenden oder zu vermeiden. Die nachfolgenden Anregungen sind abhängig davon einzusetzen, wie stark der Leidensdruck des Kindes ist (Reber & Schönauer-Schneider, 2014).

- Kennt das Kind ein bestimmtes Wort, kann es jedoch nicht abrufen, sollte es sich dies mental als Bild vorstellen. Die visuelle Vorstellung unterstützt den Abruf des Wortes.
- Auch die Verwendung von Synonymen oder Umschreibungen unterstützt den Kommunikationsfluss. Wenn das Kind sagt »Da ... weiße Ding ... auf Tisch, brennt, mit Streichholz« weiß der Gesprächspartner, dass eine Kerze gemeint sein könnte. In ähnlicher Weise lassen sich auch aus unspezifischen Wörtern oder Wortneuschöpfungen Informationen entnehmen (Brennding auf Tisch).
- Eine weitere Maßnahme kann der Einsatz von Mimik und Gestik (Zeigegesten) oder das Vormachen einer Handlung sein. So führt z. B. das pantomimische Anzünden einer Kerze beim Kommunikationspartner zum Erkennen des gemeinten Wortes.
- Kinder mit extrem geringem Wortschatz oder Kinder, die die deutsche Sprache erst erlernen, können Visualisierungen einsetzen. Hierbei sucht das Kind aus einer Reihe von Abbildungen das Zielwort heraus. Alternativ kann es dies auch selbst malen.

Die Kompensationsstrategie macht deutlich, dass es Kinder gibt, die so erhebliche Sprachstörungen aufweisen, dass eine spezifischere Sprachförderung mit therapeutischen Anteilen notwendig ist. Im nächsten Abschnitt werden Fördermaßnahmen für die Gruppe der Kinder mit schweren Sprachauffälligkeiten beschrieben.

3.3 Handlungsmöglichkeiten für die spezielle Sprachförderung

Spezielle Maßnahmen zur Sprachförderung sollten für Schüler geplant werden, welche von den Fördermaßnahmen innerhalb des inklusiven Unterrichts nur unzureichend profitieren. Für diese Kinder ist es notwendig, auf der Grundlage einer umfassenden Diagnostik spezifische Ziele auf den sprachlichen Ebenen abzuleiten und durch speziell und individuell geplante Maßnahmen zu realisieren. Oft ist eine Verbindung mit dem Curriculum zwar möglich, aber nicht immer inhaltlich sinnvoll. So kann beispielsweise das korrekte Sprechen einer Lautverbindung ([b-l]; [-t-r]) bei einem Kind ein Ziel innerhalb der phonetisch-phonologischen Ebene darstellen, für die anderen Kinder der Klasse sind diese Übungen jedoch nicht mehr angebracht, da Laute und Buchstaben eingeführt sowie intensiv geübt worden sind und sicher beherrscht werden. Für das Erreichen von spezifischen Zielen innerhalb der Sprachförderung sollten spezielle, wirksame Programme eingesetzt werden.

Die Wirksamkeit von therapeutischen oder sprachförderlichen Ansätzen ist in der Sprachheilpädagogik ein intensiv diskutiertes Thema. Das Prinzip der Überprüfung von Therapien, Materialien oder Methoden auf Effektivität und Wirksamkeit nennt man in der Fachwissenschaft »Evidenzbasierung«. Im Sinne der Qualitätssicherung und der besten Förderung der betroffenen Kinder sollten in allen pädagogisch-therapeutischen Berufsfeldern Entscheidungen für therapeutische Interventionen getroffen werden, deren Wirksamkeit auf der Grundlage wissenschaftlicher Kriterien nachgewiesen wurde (Beushausen, 2009; Cholewa, 2010; Hartmann, 2013; 2012; Nußbeck, 2013; 2007). Das gilt besonders für den Bereich der Sprachheilpädagogik und innerhalb der schulischen Sprachförderung. Nach Nußbeck (2007) gibt es auf dem pädagogisch-therapeutischen Markt eine schwer zu überblickende Menge von unterschiedlichen therapeutischen Möglichkeiten, Förderprogrammen, Therapiekonzepten und -materialien. Jedoch wurden nur sehr wenige Studien zur Wirksamkeit der einzelnen Sprachtherapien durchgeführt, die anhand einschlägiger Kriterien nachwiesen, dass sie

3.3 Handlungsmöglichkeiten für die spezielle Sprachförderung

wirklich das halten, was sie zu bewirken versprechen (Nußbeck, 2007). Die in diesem Kapitel dargestellten Programme sind hinsichtlich ihrer Wirksamkeit die aktuell am besten evaluierten im deutschsprachigen Bereich. Weiterführende Informationen zum Thema »Was ist Evidenzbasierung?« finden sich in der Infobox 9 und zur Einschätzung der Wirksamkeit der hier beschriebenen Therapien in Tabelle 8.

Im Folgenden sollen einige pragmatische Überlegungen zur unterrichtlichen Gestaltung von individuellen Fördersettings dargelegt werden:

Spezifische Ziele für einzelne Kinder, die keine Verbindung zum Unterrichtsinhalt und zu den Förderzielen anderer Kinder aufweisen, können in einzelnen Förderstunden, aber auch innerhalb des inklusiven Unterrichts geplant und umgesetzt werden. So kann innerhalb eines Stationsbetriebs eine »Sprachstation« angeboten werden, an der jeder Schüler eine bestimmte sprachförderliche Aufgabe bearbeitet. Für Kinder mit Sprachentwicklungsstörungen werden individuell aus der Sprachentwicklungsdiagnostik abgeleitete Maßnahmen geplant (▶ Kap. 3.1), die sprachauffälligen Kinder erhalten eine sprachliche Knobelaufgabe.

In ähnlicher Weise können Aufgaben in der Werkstattarbeit oder in der Wochenplanarbeit vorbereitet werden. Alle Kinder erhalten eine Sprachförderaufgabe, die Aufgabe der Kinder mit hohem Sprachförderbedarf orientiert sich an deren individuellen Zielen. Sinnvoll ist es, wenn dafür Übungen und Spiele angeboten werden, die sich in ihrer Struktur gleichen, aber vom Inhalt her den Sprachzielen angepasst werden können. So sind beispielsweise Memory-Spiele sehr geeignet, um den Abruf und das Merken neuer Begriffe zu trainieren. Für Kinder mit geringem Wortschatz erfolgt eine gezielte Auswahl der Wörter, die in dieser Spielform geübt werden sollen. Beachtet werden muss, dass diese Aufgabe gemeinsam mit einer Förderperson durchgeführt wird, die das Ziel und die Strukturierung der Übung vorgibt bzw. kontrolliert. Kinder mit Sprachentwicklungsstörungen brauchen zur Erreichung von sprachlichen Zielen eine fachlich versierte Lehrkraft, sie können diese Ziele nicht selbstständig erreichen!

Wenn sehr viele Kinder mit erheblichen sprachlichen Problemen im inklusiven Unterricht einer Klasse lernen, dann stellt die Entwicklung der Sprachfähigkeit ein primäres Unterrichtsziel dar, d.h. dass der Ausbau der sprachlichen Fähigkeiten aller Kinder nicht »nebenbei« im Fachunterricht erfolgt, sondern ausdrücklich als Unterrichtsziel geplant wird. Es eignen sich im Unterrichtsplan fest verankerte Stunden, z.B. immer in den ersten beiden Stunden am Dienstag und am Freitag, in denen Sprachübungen durchgeführt werden. Damit sich diese nicht zu »Spielstunden« entwickeln, die für die Kinder keine wahrnehmbaren Lernziele enthalten, ist eine Transparenz in der Bedeutung der Sprachziele zu berücksichtigen. Dabei ist es sinnvoll, Aufgaben zu planen, die sich an den sprachlichen Ebenen orientieren. Die Schüler erfüllen jeweils eine Übung auf der phonetisch-phonologischen Ebene (beispielsweise phonematische Differenzierung von Wörtern mit [t] und [d]), der semantisch-lexikalischen Ebene (Zuordnung von Wortform und Wortbedeutung, semantisches Kategorisieren in Ober- und Unterbegriffe usw.), der morphologisch-syntaktischen Ebene (Festigung der Pluralbildung, Anwendung des Akkusativs und des Dativs usw.) und im Sprachverständnis (Verstehen von häufig in Arbeitsanweisungen vorkommenden Redewendungen, später von Synonymen, Witzen, Ironie usw.).

Um optimale Rahmenbedingungen zu schaffen, sollten zur spezifischen Förderung ausgebildete Sprachheilpädagogen, akademische Sprachtherapeuten oder Logopäden eingesetzt werden. Die folgenden Beispiele basieren auf evaluierten sprachtherapeutischen Ansätzen und sind als Handlungsmöglichkeiten aufgearbeitet: zur Förderung der Aussprache die »Psycholinguistisch orientierte Phonologie Therapie« (Fox, 2007), zur Förderung des Wortschatzes die »Wortschatzsammler-Konzeption« (Motsch & Ulrich, 2012) und zur Förderung der Grammatik das Therapiekonzept »Kontextoptimierung« (Motsch, 2010).

3.3.1 Förderung der Aussprache

Ziel

Die *Psycholinguistisch orientierte Phonologie Therapie* (P.O.P.T.) von Fox (2007) ist eine häufig eingesetzte Therapie bei Störungen der Aussprache im Bereich der Phonologie. Ziel dieser Therapieform ist es, den Kindern mit phonologischen Störungen die phonologischen Regeln der Erwachsenensprache zu vermitteln, damit sie sie in ihrer Sprachproduktion anwenden. Dabei erlernen die Kinder Informationen, die kognitive Veränderungsprozesse im Gehirn auslösen (Fox, 2007).

Kurzbeschreibung

Die dargestellte Therapie basiert auf dem psycholinguistischen Sprechverarbeitungsmodell nach Stackhouse und Wells (1997) und wurde unter Berücksichtigung von Therapieprinzipien der klassischen phonologischen Therapie und Überlegungen anderer Therapieprogramme wie der Metaphon- (Howell & Dean, 1994) und der Minimalpaartherapie (Weiner, 1981) entwickelt (Fox, 2007). Die Kinder erfahren, dass Veränderung in ihrer Aussprache notwendig ist und wie verändert werden kann. Sie sollten als Voraussetzung für den Therapieerfolg die Veränderung in ihrer Aussprache auch selbst wollen.

Die P.O.P.T. eignet sich v. a. für Kinder, deren Aussprachestörung auf ein kognitiv-linguistisches Defizit zurückgeht, und orientiert sich am linguistischen Struktursystem des Deutschen. Daher profitieren besonders Kinder mit inkonsequenten und konsequenten phonologischen Störungen von diesem Therapieansatz. Über die Visualisierung mithilfe von Lautsymbolen, die den fehlenden und den Ersatzlauten zugeordnet werden, wird die Eigen- und Fremdwahrnehmung für einen bestimmten Laut erarbeitet und gefestigt.

Die Therapie basiert auf drei Therapieprinzipien von Grunwell (1987) und auf vier weiteren Prinzipien, die von Fox (2007) ergänzt wurden:

- Es erfolgt eine systematische Planung basierend auf dem Output des Kindes.
- Das Spektrum der Lautkontraste wird erweitert.
- Es erfolgt eine Veränderung der Regelmuster (Prozesse) (Grunwell, 1987).

3 Handlungsmöglichkeiten zur Sprachförderung in inklusiven Schulklassen

- Die Behandlung beginnt zunächst immer mit Inhalten, die vom Kind beherrscht werden, also mit dem Bewusstmachen von Lauten, die korrekt gebildet werden können.
- Fehlerhafte Aussprache wird am Anfang der Therapie nicht (aktiv) korrigiert.
- Die Therapie ist zu Beginn primär rezeptiv. Das Kind kann das Aussprechen der Ziellaute ausprobieren, muss es aber nicht.
- Die zunächst rein rezeptive Arbeit muss es dem Kind ermöglichen, das Material genau kennen zu lernen. Anschließend wird auf bedeutungstragender und v. a. sinnfreier Ebene (Silben, Nonsenswörter) weitergearbeitet (Fox, 2007).

Bei der Umsetzung in schulischen oder therapeutischen Settings sollten die folgenden übergeordneten Therapieprinzipien beachtet werden (▶ Tab. 6):

Tab. 6: Übergeordnete Therapieprinzipien der P.O.P.T. (Fox, 2007)

Prinzip der Intervalltherapie	Die Interventionsphase wird über ca. zehn bis dreißig Therapie- bzw. Fördereinheiten, je nach individueller Situation des Kindes, durchgeführt. Während der Interventionsphasen findet die Behandlung immer zweimal wöchentlich statt. Die Interventionsphase wird von einer Pause über ca. drei Monate abgelöst.
Prinzip »Pathologie vor Physiologie«	Zu Beginn der Therapie wird ein zu behandelnder Prozess ausgewählt, der bei Kindern mit einer konsequenten phonologischen Störung stets einen pathologischen Prozess berücksichtigt, und zwar den, der die meisten Phoneme betrifft (Fox, 2007).

Das Therapiekonzept besteht aus einer Vorübung und drei aufeinander aufbauenden Phasen, die je eine andere Ebene des Sprachverarbeitungsprozesses berücksichtigen.

3.3 Handlungsmöglichkeiten für die spezielle Sprachförderung

Anwendungsbereich und mögliche Anwendungsprobleme

Die P.O.P.T. sollte nur bei phonologisch beeinträchtigten Kindern eingesetzt werden. Kinder mit einer phonetischen Artikulationsstörung benötigen eine andere Form der Therapie bzw. der Förderung. Die Durchführung der beschriebenen Therapieform erfolgt von sprachheilpädagogisch ausgebildetem Personal.

Beschreibung der Handlungsmöglichkeit

Vorübung: Es wird nur rezeptiv gearbeitet.

Ziel: Das Kind soll verstehen, dass es nicht nur wichtig ist zu erkennen, was ein bestimmtes Objekt ist, sondern auch, welches die dazugehörige korrekte Phonologie ist. Dabei erfolgt die kognitive Trennung von Semantik und Phonologie. Es soll eine Steigerung der Aufmerksamkeit für die Phonologie des Wortes erreicht werden (phonologische Bewusstheit). In der Infobox 5 werden einige Spiel- und Übungsideen dargestellt.

Infobox 5: Spielideen zur Vorübung der Psycholinguistisch orientierten Phonologie Therapie (Fox, 2007)

Den Kindern werden durch Identifikationsfiguren verschiedene Wörter vorgesprochen, einige werden korrekt vorgesprochen, andere falsch. Das Kind soll nun bei jedem Wort entscheiden, ob das Wort korrekt oder falsch war und dies durch eine Spielhandlung darstellen.

Sprechende Puppen und Tiere

- Zwei (Therapie)puppen unterhalten sich mit den Kindern
- Eine spricht richtig (z. B. [g] – Laut), die andere falsch (z. B. [k]-Laut)
- Kinder entscheiden, welche richtig spricht
- Kinder sollen Tiere mit einem Muggelstein füttern, aber nur, wenn das Wort richtig gesprochen wurde

Plüschtier streicheln/in ein Haus/eine Strecke entlanglaufen lassen

- Kinder sollen ein Plüschtier eine Handlung ausführen lassen, aber nur, wenn es das Wort richtig ausgesprochen hat.

Auto in ein Ziel fahren lassen

- Kinder sollen ihr Auto eine Teilstrecke fahren lassen bis es im Ziel ist (z. B. 10 Etappen). Es darf aber nur fahren, wenn das Wort von den Identifikationsfiguren richtig ausgesprochen wurde.

Phase 1: Auditives Differenzieren von Einzellauten

In der Phase 1 wird wie in den Vorübungen ausschließlich rezeptiv gearbeitet. Das Kind kann das Artikulieren des Ziellautes ausprobieren, muss es aber nicht. Ziel dieser Phase ist es, dass die zu erarbeitenden Prozesse eingeführt werden. Es soll dem Kind deutlich gemacht werden, worum es geht, so dass es auch auf höchster Ebene der Komplexität in der Lage ist, das Erlernte rezeptiv wahrzunehmen. Dabei soll es lernen, die von der Lehrkraft vorgegebenen Laute auditiv zu differenzieren und durch eine passende Handlung einer entsprechenden Symbolkarte zuzuordnen. Bei der Einführung der Laute (z. B. [ch] vs. [s]) werden beide Laute mit einem Lautsymbol belegt.

Infobox 6: Spielideen zum auditiven Differenzieren von Einzellauten (nach Fox, 2007, aus Mahlau, 2017)

Grundprinzip: Einsatz der Symbolkarten zur

- Identifikation auf der isolierten Lautebene
- Identifikation auf der Silbenebene
- Identifikation auf der Wortebene
- Identifikation auf der Nonsenswortebene

> Spiegel
>
> - Belegen des Ziellautes und des Ersatzlautes mit einem Lautsymbol: [ch$_1$] – Katze, [s] – Schlange
> - Vormachen der Laute vor dem Spiegel (Zeigen des eigenen Mundbildes)
> - Erklären, was im Mund passiert, dazu spielerisch Materialien einsetzen (Wackelzahnmodell)
>
> Schatzsuche
> Schatzteile sind mit Lautsymbolen belegt. Der Piratenchef (Lehrkraft) gibt Hinweise, welcher Schatz geborgen werden darf.
>
> Frühlingserwachen
> Verschiedene Schachteln sind mit Lautsymbolen belegt. In den Schachteln befinden sich Schmetterlinge, Blumen, Käfer usw. Der Lehrer sagt einen Laut und der Schüler nimmt aus dieser Schachtel etwas heraus. Anschließend können die herausgenommenen Abbildungen zu einem schönen Gesamtbild geklebt werden.
>
> Biene (Schmetterling, Grashüpfer) sucht Blume
> Blumen sind mit einem Lautsymbol beklebt. Lehrkraft gibt vor, zu welcher Blume die Biene fliegen soll.
>
> Hinweis: Es ist für die Kinder besonders motivierend, wenn nach der Übung etwas gebastelt, ausgemalt oder mitgenommen werden kann.

Phase 2: Produzieren der korrekten Laute

In der zweiten Phase wird nun expressiv gearbeitet, zunächst aber noch durch sinnfreie Lautgestalten (Einzellaute, Silben). Wichtig sind das spielerische Experimentieren mit Lauten und Silben, das eigene Ausprobieren des erlernten Kontrastes und das Bilden eines korrekten motorischen Programms für bislang nicht verwendete Phone. Das Ziel dieser Phase ist die Erarbeitung der richtigen Sprechmotorik. So kann der Ziellaut durch die Lehrkraft vorgegeben werden, anschließend sprechen Kind(er) und Lehrkraft im Wechsel. Einige Übungen zur Gestaltung der Handlungsmöglichkeit in der zweiten Phase finden sich in Infobox 7.

Infobox 7: Spielideen zum Produzieren von Lauten (nach Fox, 2007, aus Mahlau, 2017)

Bei den Spielen ist ein sich steigernder Schwierigkeitsgrad in der Aussprache zu beachten. Zunächst werden die Ziellaute isoliert produziert, danach in Silben und zum Schluss in Wörtern.

Lautebene

- *Zaubertrank*
  Für einen Zaubertrank braucht man verschiedene Zutaten. Die Zutaten enthalten alle den Ziellaut. Die Kinder benennen den Ziellaut und können den Zaubertrank nur richtig herstellen, wenn alle Zutaten richtig sind (= Ziellaute korrekt ausgesprochen wurden).
- *Olympiade*
  Wie bei einer Olympiade müssen verschiedene Disziplinen durchlaufen werden, die alle Bezeichnungen haben, die den Ziellaut enthalten. Zum Schluss gibt es eine Medaille.

Silbenebene

- *Marsmenschen*
  Bei einem Besuch auf dem Mars muss jeder Astronaut in der Sprache der Marsmenschen sprechen. Anhand einzelner Gegenstände (jeder Gegenstand enthält den Ziellaut in einer Silbe) wird geübt.

- *Zauberwort*
  Vor jeder Spielhandlung soll ein Zauberwort, welches den Ziellaut enthält (z. B. in der ersten Silbe), artikuliert werden.

Wortebene

- *Klatschmemory*
  Beim Memory ist nur eine Karte umgedreht, wenn die andere umgedreht wird, sollen mit beiden Händen beide Karten abgeklatscht und die Wörter benannt werden.
- *Wörtercollage*
  Aus einem Katalog (oder auch frei) sollen vom Kind möglichst viele Wörter mit dem Ziellaut gefunden und benannt werden. Die Bilder können ausgeschnitten und zu einer Collage zusammengestellt werden.

Phase 3: Identifizieren und Produzieren der Laute in Wörtern

In der Phase 3 wird zugleich rezeptiv und expressiv gearbeitet. Das Kind soll selbst ausprobieren, wie ein Wort ausgesprochen wird, ob dieses den korrekten Ziel- oder einen Ersatzlaut beinhaltet. Es geht primär um die Eigenkontrolle des Kindes. Die Zielebene beinhaltet schwerpunktmäßig die phonologische Speicherung im Zusammenhang mit der richtigen Umsetzung des motorischen Programms (Fox, 2007). Spielideen können analog zur zweiten Phase umgesetzt werden, in der Infobox 8 werden weitere dargestellt. Bedeutsam ist es, dass alle Materialien mit den Lautsymbolen (s. Phase 1) ausgestattet sind.

Infobox 8: Spielideen zum Identifizieren und Produzieren von Lauten in Wörtern (nach Fox, 2007)

Frösche hüpfen
Unter bunten Tüchern werden Bild- oder Wortkarten versteckt.

Frösche (z. B. aus einem Flohspiel) dürfen darauf hüpfen und die Karte benennen.

Weihnachtsmann (analog dazu Osterhase, Einkaufswagen)
Bilder aus einem Katalog werden aus dem Weihnachtsgeschenkesack/dem Osterhasenkorb/dem Einkaufskorb genommen, benannt und auf einen Schlitten/in ein Osterkörbchen/ in die Küche geklebt.

Sieben Sachen suchen
Es werden sieben (oder beliebig viele) Sachen aus einem Bild (dem Klassenzimmer, dem Therapieraum, dem Spielplatz) gesucht, die mit dem Ziellaut beginnen, und benannt. Anschließend können die Dinge sortiert oder es kann mit ihnen gespielt werden.

3.3.2 Förderung des Wortschatzes

Ziel

Ziel dieser Handlungsmöglichkeit ist es, Kinder mit erheblichen Wortschatzdefiziten zum eigenständigen Wortschatzerwerb zu befähigen. In der Wortschatzsammler-Konzeption (Motsch & Ullrich, 2012) werden Strategien vermittelt, die die Reaktionen der Kinder in lexikalischen Situationen (Wortlernsituationen) verändern, in denen ihnen das lexikalische Wissen fehlt.

Kurzbeschreibung

Wesentliches Element der Wortschatzsammler-Konzeption ist das Selbstmanagement, das die Kinder in ihrem eigenaktiven Lernen bestärken soll. Den Kindern werden fünf Strategien vermittelt:

- Strategie zur aktiven Suche nach unbekannten Wörtern
- Strategie zum Stellen von Fragen nach unbekannten Wörtern

3.3 Handlungsmöglichkeiten für die spezielle Sprachförderung

- Strategie zur verbesserten Speicherung
- Strategie zum verbesserten Abruf
- Strategie zum Kategorisieren der neuen Wörter

Die Übersicht in Tabelle 7 stellt die Teilziele in jeder Strategie dar und illustriert beispielhaft, welche Fragestellungen den Kindern dazu vermittelt werden können.

Tab. 7: Strategien nach dem Wortschatzsammler-Konzept (angelehnt an Ulrich & Schneggenburger, 2012, in Mahlau & Herse, 2017)

Strategie	Ziel	Fragestellungen
zur aktiven Suche nach unbekannten Wörtern	Aufbau einer Neugierhaltung	• Von welchen Dingen kenne ich die Namen nicht?
zum Stellen von Fragen	Fragen nach der Lautfolge des Wortes stellen Fragen nach der Wortbedeutung stellen	• Wie heißt das? • Wie nennt man das? • Was kann man damit tun? • Wofür braucht man das?
zur verbesserten Speicherung	Eigenständig Segmentieren und Memorieren anwenden	Häufiges Sprechen des Wortes mit verstellter Stimme, unterschiedlicher Lautstärke, Geschwindigkeit, Anwendung in Sätzen
zum verbesserten Abruf	Selbstständig Erinnerungshilfen einsetzen, um möglichst viele Informationen zu einem Wort abzurufen	• Das schmeckte süß und gab es beim Bäcker. • Es fing an mit [ ].
zum Kategorisieren neuer Wörter	Eigenständiges Bewusstmachen, wie neue Wörter mit bereits bekannten Wörtern in Beziehung stehen	• Das meint fast das Gleiche wie ... • Das klingt so ähnlich wie das Wort ...

In jeder Unterrichts- oder Fördereinheit sollten die fünf Strategien aufeinander aufbauend berücksichtigt werden.

Anwendungsbereich und mögliche Anwendungsprobleme

Die Wortschatzsammler-Konzeption kann bei allen Kindern mit Einschränkungen im Wortschatzumfang durchgeführt werden. Den Kindern sollten die einzelnen Strategien nacheinander und aufeinander aufbauend vermittelt werden. Sinnvoll ist es, immer wieder über die Strategien metakognitiv zu reflektieren. Die Stärke der Konzeption liegt in seiner in wissenschaftlichen Studien nachgewiesenen Wirksamkeit zum Wortschatzaufbau. Für keine andere Wortschatztherapie im deutschsprachigen Raum konnte bisher eine vergleichbare Effektivität nachgewiesen werden. Der Aufbau des Strategielernens des nachfolgend beschriebenen Vorgehens unterstützt die Lehrkräfte durch eine strukturierte Vorgabe, wie in Klassen mit einem sehr hohen Anteil an Kindern mit geringem Wortschatz am Wortschatzerwerb gearbeitet werden kann. Die späteren Strategien (Verbesserung der Speicherung, des Abrufes, Kategorisieren) lassen sich ebenfalls gut im Klassenunterricht umsetzen.

Beschreibung der Handlungsmöglichkeit

Strategie zur aktiven Suche nach unbekannten Wörtern

Mit den Kindern wird auf eine aktive Suche nach unbekannten Wörtern gegangen. Dazu kann

- ein Mindmap mit unterschiedlichen Wörtern (beispielsweise zum Thema Getreide) erstellt werden.
- ein Text zum Thema (Getreide, Ernte) dienen, der unterschiedlich schwierige Wörter enthält.
- eine Wörterkiste mit Wörtern bestückt werden, aus denen die Kinder ein Wort ziehen müssen (Hafer, Weizen, Rispe, Wurzel, Halm, Ähre, Krume, Acker, Erde, Brot, Mehl).
- eine Schatzkiste verwendet werden, die Realgegenstände zum Thema Getreide enthält, die die Kinder herausholen (erfühlen) können (unterschiedliche Ähren, Körner, Brötchen, Kekse).

3.3 Handlungsmöglichkeiten für die spezielle Sprachförderung

- in einer Gesprächsrunde mit einem Bauern oder einem Erntehelfer eine Anzahl von Getreidewörtern gesammelt und aufgeschrieben werden.

Die Kinder sortieren anschließend die unbekannten Wörter aus: »Von welchen Wörtern kenne ich nicht den Namen?«, »Von welchen Wörtern weiß ich nicht, was sie bedeuten?«

Strategie zum Stellen von Fragen

Anschließend wird geübt, wie man nach dem Namen und nach der Bedeutung des unbekannten Wortes fragen kann. Abhängig vom Alter und von der Motivation der Kinder kann eine Identifikationsfigur eingesetzt werden, die die entsprechenden Fragestellungen vorgibt. »Wie nennt man das?« (Frage nach der Lautfolge) »Das ist ein Weizenkorn.« »Was macht man damit?« (Frage nach der Bedeutung) »Das wird in einer Getreidemühle gemahlen. Daraus entsteht Mehl. Mit Mehl kann man Kuchen oder Brot backen.« »Warum?« usw. Die Kinder werden für ihre Fragen ausdrücklich gelobt.

Strategie zur verbesserten Speicherung

Die Kinder rufen im nächsten Schritt die schwierigen Wörter in unterschiedlichen Übungen aus dem Gedächtnis ab. Es eignen sich Kim-Spiele, Memory, Lieder und Gedichte, das Benennen der Wörter mit Stimmvariation oder in unterschiedlicher Geschwindigkeit und viele Spiele und Übungen mehr. Die Lehrkraft sollte darauf achten, dass die Kinder weitgehend selbstständig die Wörter verinnerlichen. »Wie viele Wörter hast du dir am Ende der Stunde/des Unterrichtstages richtig gemerkt?« Dazu können Abhaklisten oder auch Wortschatzlisten erstellt werden.

Strategie zum verbesserten Abruf

Kindern, die die neuen Wörter nur unvollständig oder nicht abrufen können, wird die Strategie vermittelt, sich diese vorzustellen oder diese auch real in die Hand zu nehmen. Sie sollen sagen, was sie noch über das Wort wissen (ganz weiß und leicht, wie Staub, kann man wegpusten). Bei sehr geringem inhaltlichen Wissen kann die Lehrkraft ergänzen.

Sollten die Kinder nicht von alleine auf das Wort kommen, kann die Lehrkraft den Abruf phonologisch unterstützen, beispielsweise den Anfangslaut vorgeben: »Ich glaube, dass du ein Wort meinst, das mit [m] beginnt«. Wenn das Kind das Wort trotzdem nicht abrufen kann, dann wird die erste Silbe vorgegeben. Erst danach wird das Wort vollständig vorgesprochen.

Die Kinder werden für ihre Bemühungen des selbstständigen Wortabrufes ausdrücklich gelobt.

Strategie zum Kategorisieren neuer Wörter

Zum Kategorisieren eignen sich Übungen, um die Wörter fester in den bereits vorhandenen Wortschatz einzubauen und somit schneller darauf zugreifen zu können. Klassische Spiele enthalten die Zuordnung zu Ober- und Unterbegriffen. Dazu werden den Kindern mehrere Begriffe aus einem semantischen Feld vorgegeben. Sie sollen den Oberbegriff dazu finden, z. B.

- Rose, Nelke, Tulpe – Blumen
- Trompete, Klavier, Flöte – Instrumente
- Tasse, Glas, Schüssel – Geschirr
- Eiche, Kastanie, Linde – Laubbäume
- Apfel, Kirsche, Stachelbeere – Obst

In ähnlicher Weise wird den Kindern nun ein Oberbegriff vorgegeben, zu dem sie in einer vorgegebenen Zeit möglichst viele Unterbegriffe finden sollen. Was ist alles ein Fahrzeug? (Auto, Zug, Bus usw.).

Schwerer fallen Kindern mit Wortschatzstörungen andere Kategorisierungen wie das Bilden von Gegenteilwörtern. Sie verwenden häufig das Zielwort in Verbindung mit »nicht« (hell – nicht hell). Hier sollte durch korrektives Feedback das Gegenteilwort vorgegeben werden. Diese Übung kann nur bei Adjektiven erfolgen (schlau – dumm, sauber – schmutzig, leicht – schwer, hungrig – satt, traurig – glücklich).

3.3.3 Förderung der Grammatik

Ziel

Die nachfolgend beschriebene Handlungsmöglichkeit soll dem Kind helfen, seine Blockaden im Grammatikerwerb zu überwinden und seine grammatischen Fähigkeiten auszubauen. Motsch (2010) schlägt vor, sowohl in einzeltherapeutischen als auch in unterrichtlichen Kontexten das Prinzip der Kontextoptimierung einzusetzen.

Kurzbeschreibung

Das Konzept der »Kontextoptimierung« zur Förderung grammatischer Fähigkeiten zeigt auf, wie die Einbindung therapeutischer Maßnahmen im Unterricht gelingen kann (Motsch, 2010). Als »Kontext« wird die konkrete Unterrichtssituation oder die spezielle Therapieeinheit bezeichnet. Die planbaren und veränderbaren Elemente dieser Kontexte sollen »optimiert«, also hinsichtlich des Erreichens der sprachlichen Zielstruktur verbessert werden. So wird beispielsweise ausgewähltes Sprachmaterial, die geplante Situation eines Spiel-, Handlungs- oder Unterrichtsrahmens oder die Sprechweise der Lehrkraft so angepasst, dass das Kind die beabsichtigte Sprachstruktur entdeckt, übernimmt und anwendet (Motsch & Ziegler, 2004).

3 Handlungsmöglichkeiten zur Sprachförderung in inklusiven Schulklassen

Das Konzept der Kontextoptimierung baut auf drei Prinzipien auf:

Modalitätenwechsel

- Rezeptive, produktive und reflexive Phasen wechseln sich ab. Es werden weniger sprachbewusste und verstärkt sprachbewusste Spiel- und Arbeitsformen eingesetzt (Motsch, 2010), durch die »ein Wechsel zwischen Verstehen und Produzieren, Erarbeiten und Anwenden/Erproben, Fokussieren und Einbetten, Üben und Spielen, Sprechen und Reflektieren« (ebd., S. 96) entsteht. So könnte beispielsweise ein Satz zu einem Bild vorgelesen werden (Rezeption), beim Nacherzählen vom Kind wiedergegeben werden (Reproduktion) und in einer Festigungsphase darüber reflektiert werden, dass das Verb an zweiter Stelle des Satzes steht (Reflexion).

Ursachenorientierung

- Ablenker und Verwirrungen werden gezielt eliminiert, die Zielstrukturen sollen sehr kurz und die auditive Aufmerksamkeit gesichert sein. So reicht es, wenn die Lehrkraft lediglich die Zielstruktur (z. B. die 2. Person Singular »Du komm**st**.«) verwendet und betont, es muss kein ganzer Satz gesprochen werden, da die zusätzlichen Satzinhalte die Aufmerksamkeit des Kindes von der Zielstruktur weglenken.
- Es werden Voraussetzungen geschaffen, damit die Kinder mit Sprachentwicklungsstörungen trotz eingeschränkter Wahrnehmungs-, Verarbeitungs- und Gedächtnisfähigkeiten die kritischen Merkmale der Zielstruktur erlernen können. Dafür eignen sich Visualisierungen, v. a. die Schriftsprache. Die Zielstrukturen (z. B. [st] am Wortende) sind besonders farblich markiert und werden so bewusster vom Kind wahrgenommen.

3.3 Handlungsmöglichkeiten für die spezielle Sprachförderung

Ressourcenorientierung

- Die vorhandenen metasprachlichen und schriftsprachlichen Ressourcen und andere Wahrnehmungskanäle werden genutzt.
- Unter diesem Prinzip werden »die jeweils individuell verschiedenen kindlichen Fähigkeiten verstanden, die dem grammatisch gestörten Kind helfen können, sich die Zielstruktur zu erschließen und grammatische Fortschritte zu gehen« (Motsch, 2010, S. 96). Es besteht die Möglichkeit, dass das Kind eigene Formate einbringt und damit zu einer Erhöhung der Handlungs-, Spiel- und Sprechmotivation beiträgt.

Anwendungsbereich und mögliche Anwendungsprobleme

Es sollte beachtet werden, dass bestimmte morphologische und syntaktische Fähigkeiten aufeinander aufbauen, d. h. dass der Erwerb bestimmter Fähigkeiten vor dem Erwerb anderer Fähigkeiten liegt. So muss der Akkusativ zwingend erworben sein, bevor mit der Erarbeitung der Dativmarkierungen begonnen wird. Zeitgleiches Einführen ist zu vermeiden. Dabei ist der teilweise erheblich verlangsamte Spracherwerb bei Kindern mit Sprachentwicklungsstörungen zu beachten. Auch jenseits der Grundschuljahre fällt einigen Kindern die Bildung des Dativs nicht leicht.

Beschreibung der Handlungsmöglichkeit

In der Literatur gibt es eine Vielzahl von sehr gut im Klassen- und Förderunterricht einsetzbaren Spielbeschreibungen, z. B. in Berg (2008), Mußmann (2012), Eisert und Rist (2009), Riehemann (2016 und 2014) sowie in Reber und Schönauer-Schneider (2014). Im Folgenden wird das Therapieformat »Kontextoptimierung« auf den Erwerb der richtigen Markierung der Akkusativ- bzw. Dativmerkmale angewendet. Dabei sollte nur mit wenigen Nomen gearbeitet werden, deren Geschlecht (Genus) von den Kindern bereits sicher beherrscht wird.

Nachfolgend werden einige in der Praxis erfolgreich eingesetzte Spielformate dargestellt.

Üben des Akkusativs (Käß, 2010)

Die Kinder sitzen im Stuhlkreis. In der Mitte liegen verschiedene Orff-Instrumente. Den Kindern werden Fragen gestellt, deren Beantwortung den Akkusativ erfordert.
»Welches Instrument kennst du?«
Die Schüler benennen die Instrumente. »Ich kenne *das* Xylophon.« »Ich kenne *den* Schellenkranz.« »Ich kenne *die* Trommel.« Die Lehrkraft korrigiert die Schülerantworten durch korrektives Feedback. Es ist nicht unbedingt erforderlich, dass die Kinder im Satz sprechen. Es reicht, wenn sie den Akkusativ bilden: »*Den* Schellenkranz.«
»Welches Instrument möchtest du spielen?«
»Ich spiele *die* Pauke.« »Ich spiele *den* Klangstab.«
Zum Ende der Übung kann noch ein festigendes Spiel zum Hören gespielt werden. Die Kinder schließen die Augen oder drehen sich um.
»Welches Instrument hörst du jetzt?« »Ich höre *die* Triangel.« »Ich höre *den* Klangstab.«

Üben des Dativs

Die Lehrkraft liest einen kleinen Text vor. Danach sollen die Kinder Fragen mit »Wem?« zum Inhalt stellen. Zur Visualisierung der Fragestellung wird ein Tafelbild benötigt:
Lara schreibt *ihrem* Freund Hannes einen Brief.
Die Kinder sollen nun die Frage bilden: Wem ... (schreibt Lara einen Brief)?
Die Frage und die entsprechende Antwort (*ihrem* Freund Hannes) werden an der Tafel festgehalten und die zentralen Wörter farbig markiert.

Üben mit Präpositionen

Der Akkusativ oder der Dativ können in Verbindung mit den jeweiligen Präpositionen geübt werden. Ein beliebtes Spiel ist das Verstecken und Suchen von Gegenständen, z. B. von Gummibärchen oder Kaugummi. Die Kinder schließen die Augen und die Lehrkraft (oder eine Identifikationsfigur) versteckt ein Tütchen mit Gummibärchen, z. B. *auf dem* Fensterbrett oder *hinter dem* Vorhang. Nach dem Öffnen der Augen dürfen alle Kinder die versteckten Gegenstände suchen, ohne ihren Platz zu verlassen. Das Kind, das die Tüte mit den Gummibärchen findet, bildet nun einen Satz:»Die Gummibärchen sind *auf dem* Fensterbrett« (*unter dem* Tisch, *vor der* Vase, *neben der* Tür, *hinter dem* Vorhang, *in der* Obstschale, *über dem* Waschbecken). Nun kann das Kind, welches den Satz korrekt gebildet hat, die nächste Tüte verstecken.

3.4 Zusammenfassung

Sprachförderung mit sprachentwicklungsauffälligen Kindern stellt eine große Herausforderung in inklusiven Schulklassen dar. Vielfältige, individuell auf die Kinder abgestimmte Angebote durch gut ausgebildetes Personal sind die Voraussetzung für ein Gelingen dieser wichtigen Aufgabe. Beispiele dafür, wie Sprachförderung im Einzelnen umgesetzt werden kann, haben die aufgeführten Maßnahmen zur Diagnostik, Förderplanung und Umsetzung gezeigt. Eine zentrale Voraussetzung für eine gelingende Sprachförderung aller Kinder ist die multiprofessionelle Teamarbeit mit einem wechselseitigen, eindeutigen Rollenverständnis und effektiven Kommunikationsstrukturen. Im Team wird darüber reflektiert, wie sich die Lern- und Entwicklungsverläufe der Kinder vollziehen, welche Sprachentwicklungssymptomatik es als nächstes Förderziel abzubauen gilt und auch welche Sekundärstörungen, z. B. im Lernen oder im Verhalten, zu berücksichtigen sind. Die

3 Handlungsmöglichkeiten zur Sprachförderung in inklusiven Schulklassen

dafür zu schaffenden Rahmenbedingungen und Maßnahmen müssen sich an den Bedarfen des einzelnen Schülers orientieren. Um eine effektive Förderung zu erreichen, sollten regelmäßige Teamberatungen und Förderplankonferenzen, ergänzt durch kooperative Fallberatungen, fest in den Schulalltag eingeplant werden (Hartke, 2017c).

Die Frage, wie Sprachförderung im Alltag einer inklusiven Grundschule organisatorisch und inhaltlich erfolgreich umgesetzt werden kann, soll im nachfolgenden Kapitel 4 am Beispiel des Rügener Inklusionsmodells (RIM) dargestellt werden.

4 Sprachförderung im Rügener Inklusionsmodell

Das Rügener Inklusionsmodell (RIM) orientiert sich konzeptionell am US-amerikanischen *Response-to-intervention*-Ansatz. Dieses in weiten Teilen der USA und auch anderer, inklusiv arbeitender, Länder erfolgreich eingesetzte Beschulungsmodell zur präventiven und inklusiven Beschulung von Kindern mit Lern- und Entwicklungsproblemen, gewinnt gegenwärtig auch im deutschsprachigen Raum an Bedeutung (Hartke, 2017a; Huber, Grosche & Schütterle, 2013; Mahlau, 2013; Reber, 2012). »Grundlegend für den RTI-Ansatz ist die kontinuierliche Vergewisserung, ob bei allen Kindern angemessene Lern- und Entwicklungsfortschritte (›Response‹) durch (›to‹) den bisher durchgeführten Unterricht und/oder Förderung (›Intervention‹) erreicht werden« (Blumenthal, 2017, S. 20). Die Lehrkräfte kontrollieren und überprüfen somit die Passung zwischen den kindlichen Lernvoraussetzungen und dem eigenen Unterricht bzw. der eigenen Förderung.

Die Stärke des RTI-Ansatzes liegt in seiner Rahmenstruktur, welche drei wesentliche Bausteine beinhaltet:

- Es werden *Fördermaßnahmen auf mehreren Ebenen* umgesetzt, die von Ebene zu Ebene spezifischer und individueller werden. Im RIM erfolgt die Unterrichts- und Förderplanung auf drei Ebenen (▶ Abb. 10). Die erste Förderebene entspricht dem normalen Klassenunterricht, wobei bereits inklusionsförderliche, z. B. sprachheilpädagogische, Maßnahmen umgesetzt werden. Kinder, die vom Unterricht auf der ersten Förderebene nicht ausreichend profitieren, erhalten eine gezielte Förderung auf der Förderebene II, um Lern- oder Entwicklungsprobleme abzubauen – oder diesen vorzubeugen – und

Sekundärprobleme zu verhindern. Die dritte Ebene, innerhalb der besonders (sprach)entwicklungsauffällige Kinder gefördert werden, kann sehr individuell ausgestaltet sein. Es erfolgt eine spezifische und intensive Förderung für Schüler, die trotz der Maßnahmen auf der ersten und zweiten Förderebene keine ausreichenden Lern- und Entwicklungsfortschritte zeigen. Die Verringerung bereits bestehender Lern-, Sprach- oder Verhaltensprobleme wird mittels therapeutisch orientierter Fördermaßnahmen unterstützt. Innerhalb der Ebenen sind die Aufgaben der beteiligten Pädagogen (Grundschul- und Sonderpädagogen, Inklusionshelfer, Schulleitung) klar verteilt (Blumenthal, 2017).

- Mehrmals im Schuljahr stattfindende *Lern- und Entwicklungsdiagnostik*en ermöglichen datenbasierte Entscheidungen darüber, ob das Kind ausreichend im Unterricht lernt oder bestimmte Fördermaßnahmen den Unterricht ergänzen sollten (Voß, 2017). Auf den Ergebnissen der Diagnostik wird in kooperativen Fallbesprechungen die Förderung der Schüler aufgebaut und ggf. angepasst (Hartke, 2017c).
- Als weiteren wesentlichen Baustein des RTI-Konzeptes wird der Einsatz *evidenzbasierter Lehr- und Fördermethoden sowie -programme* angesehen (▶ Infobox 9).

Innerhalb dieser RTI-Rahmenstruktur erfolgt keine Feststellung sonderpädagogischen Förderbedarfs oder die Zuweisung eines Kindes in eine Förderklasse. Die Verzahnung von Unterricht und Förderung ist normaler Konzeptinhalt an der allgemeinen Schule. Damit geht ein Perspektivwechsel einher, der wegführt von »das Kind passt nicht in diesen Unterricht bzw. in diese Schule« hin zu »der bisher durchgeführte Unterricht passt nicht zum Kind« (Blumenthal, 2017, S. 21).

Die nachfolgend beschriebenen Maßnahmen zur Umsetzung des RIM für Kinder mit hohem Förderbedarf im Bereich Sprache berücksichtigen zentrale Inhalte des Positionspapiers der Deutschen Gesellschaft für Sprachheilpädagogik (Glück et al., 2014; ▶ Abb. 1). Im RIM werden Unterstützungsangebote in den Bereichen der Diagnostik (mit Lernverlaufsdiagnostik), Prävention, Förderung (unterrichtsimmanent und in Kleingruppen), spezifische therapeutische Angebote, ein

Unterricht, der sprachförderliche Maßnahmen berücksichtigt, und Beratungssysteme implementiert. Mit dieser Konzeption soll die angestrebte Vielfalt an Maßnahmen, mit denen flexibel und spezifisch auf die individuellen Unterstützungsbedarfe der Kinder reagiert werden kann, ermöglicht werden (Mahlau, 2016a). Dazu bedurfte es einer hochstrukturierten Fortbildungsreihe, welche die Inhalte des Konzepts an sich und das Wissen über die sprachheilpädagogischen Grundlagen und Fördermaßnahmen berücksichtigt. Für die Umsetzung des RIM innerhalb der Rügener Grundschulen wurden die notwendigen Inhalte den beteiligten Grundschul- und Sonderpädagogen sowie den Schulleitern in eigens für die jeweiligen Pädagogengruppen aufbereiteten Fortbildungen vermittelt (Mahlau, Hartke & Voß, 2016a; 2016b; 2016c; 2016d).

Im Folgenden soll der Aufbau der Sprachdiagnostik und -förderung beschrieben werden. Im abschließenden Fazit werden die Ergebnisse und Erfahrungen der mehrjährigen Projektphase dargestellt und reflektiert.

4.1 Feststellung der sprachlichen Leistungsfähigkeit

Ein wichtiges Prinzip im RIM ist es, Störungen möglichst gar nicht erst entstehen zu lassen. Dieses Ziel ist im Bereich der Sprachentwicklung nicht umsetzbar, denn Kinder mit einer Sprachstörung entwickeln diese i. d. R. vor dem Schulalter. Daher werden im RIM Unterrichts- und Fördermethoden eingesetzt, die die Sprachentwicklungsstörung abbauen, ein erfolgreiches Lernen ermöglichen und Sekundärsymptomatiken (▶ Kap. 2.3) soweit wie möglich verhindern. Auch die formale Feststellung sonderpädagogischen Förderbedarfs im Bereich Sprache und damit die Etikettierung des Kindes als »behindert« sollte vermieden werden. Wenn aus Untersuchungen bekannt ist, dass die Hälfte aller Kinder mit einer spezifischen Sprachentwicklungsstörung eine Lese-

Rechtschreibstörung entwickelt (Klicpera & Gasteiger-Klicpera, 1993) sowie weitreichende Probleme in der emotionalen und sozialen Entwicklung zu den Folgestörungen zählen (Dannenbauer, 2009; Grimm, 2003), können vorbeugende Maßnahmen ausreichend früh ergriffen werden.

Dazu werden die sprachlichen Fähigkeiten aller Kinder eingeschätzt, um die Mädchen und Jungen mit einem erhöhten Sprachförderbedarf herauszufinden. Zu Beginn der Klasse 1 und der Klasse 2 erfolgt zur Feststellung des Sprachentwicklungsstandes eine Eingangsdiagnostik in einem Zweistufen-Prozess. Die nachfolgenden Ausführungen folgen den Angaben in Kapitel 3.1 zum diagnostischen Vorgehen. So wird deutlich, dass ein theoretisch konzipiertes diagnostisches Handeln auch tatsächlich in die praktische Umsetzung einer inklusiv arbeitenden Schule transferiert und über Jahre erfolgreich umgesetzt werden kann.

Zu Beginn der ersten Klasse werden bei allen Schulanfängern das Sprachverständnis (MSVK; Elben & Lohaus, 2000), die phonologischen Informationsverarbeitungsfähigkeiten (MÜSC; Mannhaupt, 2006) sowie die kognitiven Fähigkeiten bestimmt (CFT 1-R; Weiß & Osterland, 2012). Die Eltern geben mittels Fragebogen Auskunft zum sprachlichen Entwicklungsstand und -verlauf ihrer Kinder (Anamnese-Elternfragebogen; Mahlau, 2010). Zu Beginn der zweiten Klasse wird die morphologische Leistungsfähigkeit mit dem Screening grammatischer Fähigkeiten für Kinder zweiter Klassen (SGF 2; Mahlau, 2016b) überprüft.

Schüler, die in diesen Diagnostikverfahren Entwicklungsrisiken zeigen, z. B. ein weit unterdurchschnittliches Sprachverständnis, und die Angaben der Eltern Hinweise auf einen problematischen Sprachentwicklungsverlauf geben, werden anschließend von einem Sonderpädagogen mit einem standardisierten und normierten Sprachentwicklungstest (SET 5-10; Petermann, 2012), Lautprüfbögen und ggf. weiteren Verfahren, z. B. dem TROG-D (Fox, 2016) oder dem WWT 6-10 (Glück, 2011), differenzierter untersucht. Nach den Erfahrungen der Rügener Grundschulen betrifft dies ungefähr 20 % aller Kinder, also ungefähr vier bis fünf Kinder einer inklusiv unterrichteten Klasse.

Liegen sämtliche Diagnostikergebnisse vor, wird in einer kooperativen Fallbesprechung, an welcher der Klassenlehrer, der zuständige

Sonderpädagoge, ein Vertreter der Schulleitung und ggf. auch die Eltern und externe Fachleute teilnehmen, beurteilt, ob

- das Kind einen erhöhten Förderbedarf im Bereich Sprache aufweist,
- sprachliche Barrieren vorliegen, auf die im Unterricht (Förderebene I; FE I) und in der Kleingruppenförderung (Förderebene II; FE II) besonders Rücksicht genommen werden muss,
- eine Förderung auf der Förderebene III (FE III) von einer Lehrkraft für Sonderpädagogik begleitend stattfinden soll,
- spezielle Diagnostik- und Fördermaßnahmen von weiteren Fachleuten, wie Logopäden, Phoniatern, Experten für mehrsprachig aufwachsende Kinder oder Kinder- und Jugendpsychologen, initiiert werden sollen.

Es ist davon auszugehen, dass ca. 15 % aller einsprachig aufwachsenden und muttersprachlich Deutsch sprechenden Kinder zur Einschulung Sprachauffälligkeiten zeigen, auf die im Unterricht besonders Rücksicht genommen werden sollte (▶ Kap. 3.2). Weiterhin muss davon ausgegangen werden, dass ungefähr 5 % bis 8 % aller Kinder auf der Förderebene III im Bereich Sprache von ausgebildeten Sprachheilpädagogen gefördert werden müssen.

Bei diesen Kindern wird in einem Abstand von einem halben Jahr eine Entwicklungsverlaufsdiagnostik mit dem SET 5-10 (Petermann, 2012) und dem TROG-D (Fox, 2016) vorgenommen. Eine zeitlich engere Kontrolle des Sprachentwicklungsverlaufs erfolgt mit Materialien zur Lernfortschrittsmessung, auf die in Kapitel 3.1.3 ausführlich eingegangen wurde. Die Feststellung des Therapiefortschritts in kürzeren Zeitabständen – wöchentlich bis monatlich – erfolgt mittels Kurztests in Form von Pseudoparalleltests auf den Ebenen der Phonetik, der Syntax und der Morphologie.

Die folgende Abbildung 12 stellt das diagnostische Vorgehen und die Arbeit auf den drei Förderebenen im Überblick dar.

4 Sprachförderung im Rügener Inklusionsmodell

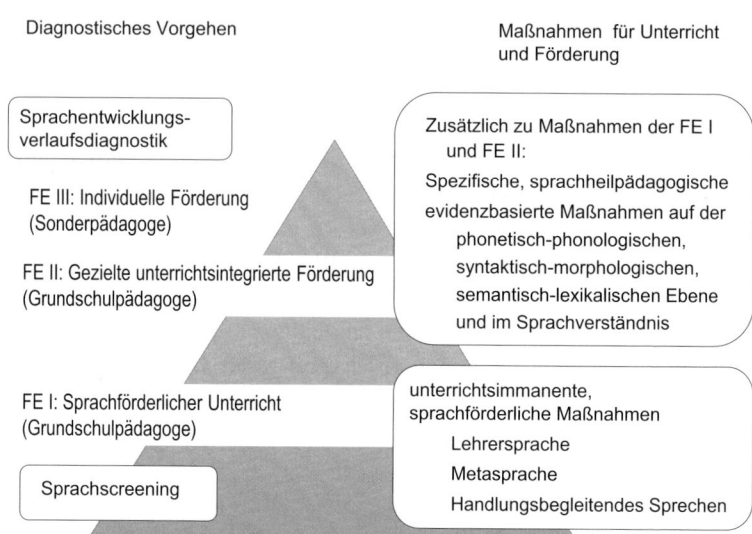

Abb. 10: Schematische Darstellung des Drei-Ebenen-Präventionskonzeptes für den Förderbereich Sprache (modifiziert nach Mahlau & Hensen, Praxis Sprache 4/2013)

4.2 Sprachförderung und evidenzbasierte Praxis

Bei einer Prävalenz von 5 % bis 8 % ist davon auszugehen, dass durchschnittlich ein bis zwei Kinder mit einer erheblichen Sprachentwicklungsstörung in einer inklusiv ausgerichteten Klasse lernen. Kinder mit Lernstörungen, Migrationshintergrund und aus bildungsfernen Elternhäusern haben häufig ebenfalls eine Sprachentwicklung, die bestimmte Sprachfördermaßnahmen notwendig macht. Diese Kindergruppen erhöhen folglich die Auftretenshäufigkeit von sprachlich beeinträchtigten Kindern in der Grundschule, so dass die Notwendigkeit eines sprachförderlichen Unterrichts zunimmt. Daher ist es wichtig, dass die Lehrkräfte einen Unterricht gestalten, der die sprachlichen

4.2 Sprachförderung und evidenzbasierte Praxis

Kompetenzen aller Schüler gezielt fördert (primäre Prävention und Verhinderung von Sekundärsymptomatiken) und sprachliche Defizite gezielt abbaut (Intervention).

Dieses geschieht durch die in Abbildung 12 dargestellte gestufte Förderung auf drei Förderebenen, auf denen abhängig vom individuellen Störungsbild des Kindes zunehmend spezifischere Maßnahmen eingesetzt werden. Dabei agiert die Grundschullehrkraft auf den Förderebenen I und II, der Sonderpädagoge auf der Förderebene III. Für die Ebenen II und III stehen zusätzliche Förderstunden, deren zeitlicher Umfang abhängig von der jeweiligen Klassenstufe ist, zur Verfügung.

Wesentliche Inhalte der Maßnahmen im RIM haben ihre fachliche Grundlage in »Bausteine sprachheilpädagogischen Unterrichts« von Karin Reber und Wilma Schönauer-Schneider (2014). Deren Vorgaben für einen sprachheilpädagogischen Unterricht sind inhaltlich sehr praxisnah und sowohl für den Klassenunterricht als auch für die Kleingruppen- und Einzelförderung gut geeignet.

4.2.1 Förderebene I

Auf der Grundlage der oben dargestellten Diagnostik werden bereits auf den Förderebenen I und II spezifische Interventionen durch den Grundschulpädagogen vorgenommen. So gilt Sprachförderung im RIM als generelles Unterrichtsprinzip (Reber & Schönauer-Schneider, 2014). Zu den Qualitätsmerkmalen »guten« sprachheilpädagogischen Unterrichts (Theisel & Glück, 2012) gehören die unterrichtliche Professionalität der Lehrperson, die Sicherung des Sprachverständnisses, die Lehrersprache, sprachbegleitende Hilfestellungen und die Förderung metasprachlicher Fähigkeiten (▶ Kap. 3.2). Die sprachförderlichen Unterrichtsmaßnahmen umfassen weiterhin Inhalte, Methoden und Medien in allen Unterrichtsfächern.

Kinder mit Sprachauffälligkeiten zeigen aufgrund zahlreicher Misserfolgserfahrungen wenig Motivation, sich sprachlich in den Unterricht einzubringen. Unterrichtssituationen sollten daher besonders vorstrukturiert sein, um von den Kindern erfolgreich verbalisiert werden zu können, z. B. durch besondere Abrufhilfen der Lehrkraft. So kann sich die Lehrkraft während der Einführungs- und Übungsphase zu einer bestimmten sprachlichen Zielstruktur auf diejenigen Schüler konzentrieren, bei denen das angestrebte Sprachziel in der Zone der nächsten Entwicklung liegt. Wie bereits in Kapitel 3.2 deutlich wurde, gibt es vielfältige Gelegenheiten, in denen bestimmte Unterrichtsphasen und Lernziele gleichermaßen bestimmte sprachliche Strukturen erfordern. Beispielsweise kann im Fach Deutsch der Erwerb des [k] sprachlich und schriftsprachlich erfolgen oder in Mathematik können Präpositionen mit Akkusativ- und Dativmarkierungen verbunden werden.

In inklusiven Klassen ist auf eine Reduzierung der auditiven Anforderungen zu achten und möglichst häufig die Visualisierung der Aufgabenstellungen zu realisieren. Es können spezielle, einfache Maßnahmen zur Verbesserung der Raumakustik umgesetzt werden (Vorhänge, Teppiche). Auch das Anforderungsniveau des zur Vermittlung eingesetzten Mediums sollte auf die sprachlichen Voraussetzungen der Kinder abgestimmt sein. So sind bildliche Darstellungen einfacher zu entschlüsseln als Symbole oder Schriftsprache. In ähnlicher Weise besteht die Notwendigkeit, Unterrichtsmaterialien entsprechend anzupassen oder selbst zu erstellen (Reber & Schönauer-Schneider, 2014). Vielfältige Maßnahmen zur Binnendifferenzierung erleichtern den Kindern den Zugang zum Lerninhalt. Diese können durch unterschiedliche Formen der Lehrerhilfe, des Anforderungsniveaus (Variation der Aufgabentypen nach Komplexität), der Aufgabenanzahl sowie durch flexible Lerngruppen (zeitlich begrenzte Gruppenbildung anlässlich bestimmter Aufgabenstellungen) (Borchert, 1996; Mahlau & Hartke, 2016) umgesetzt werden.

Wie in Kapitel 3.2.3 beschrieben, ist die *Lehrersprache* ein wichtiges sprachförderliches Medium im Unterricht. Nach Reber und Schönauer-Schneider (2014) stellen die Lehrersprache und das Kommunikationsverhalten der Lehrkraft die Basis für erfolgreiches Unterrichten dar und dienen gleichzeitig als therapeutisches Mittel und Modell. So erhalten die Schüler mittels Lehrersprache die notwendige Verständnis- und Strukturierungshilfe für die nachfolgenden Aufgaben. In der Literatur lassen sich eine allgemeine und eine spezifisch sprachförderliche Lehrersprache unterscheiden (Westdörp, 2010). Allgemein sollte die Lehrersprache im Sprachniveau nur etwas über dem Niveau der

4.2 Sprachförderung und evidenzbasierte Praxis

Kinder liegen und für Kinder mit auditiven Merkschwächen hinsichtlich der Komplexität von Äußerungen und Arbeitsaufträgen reduziert werden. Beim Einsatz einer speziellen Lehrersprache werden insbesondere Modellierungstechniken (Dannenbauer, 2002) therapeutisch genutzt.

Ein weiterer wichtiger Bestandteil sprachförderlichen Unterrichts ist die gezielte Entwicklung *metasprachlicher Fähigkeiten* (▶ Kap. 3.2.2). Metasprachliche Fähigkeiten beziehen sich »auf alle Strukturebenen und Modalitäten der Sprachverwendung ..., so auch auf die Lautstrukturen der zu erlernenden Sprache« (Romonath, 1998, S. 172). Die Wahrnehmung sprachlicher Regelhaftigkeiten, z. B. im Bereich der Phonologie, der Semantik oder der Grammatik (Tunmer & Bowey, 1984), wird für alle Kinder mit dem Eintritt in die Schule bedeutsam. So sollten sie für einen erfolgreichen Erwerb der Schriftsprache ausreichende metaphonologische Fähigkeiten aufweisen. Kinder mit Sprachentwicklungsstörungen haben diese bis zum Schuleintritt jedoch nur unzureichend erworben (Hartmann, 2002; Mahlau, 2008). Die gezielte Förderung metaphonologischer Fähigkeiten stellt auch eine Notwendigkeit für die Entwicklung schriftsprachlicher Kompetenzen dar. Weiterhin wird an der Ausdifferenzierung der semantischen Bewusstheit gearbeitet. Das Erarbeiten von Wortfeldern und das gezielte Aufzeigen semantischer Abgrenzungen zwischen einzelnen, sich ähnelnden, Begriffen unterstützen den Aufbau semantisch-lexikalischer Kompetenzen. Im RIM wird die Förderung der metaphonologischen und der metasemantischen Fähigkeiten in der Klassenstufe 1 zeitlich verankert. Die Entwicklung von syntaktischem und pragmatischem Bewusstsein stellt dann einen Schwerpunkt ab Klassenstufe 2 dar. Nun wird beurteilt, ob vorgegebene Sätze grammatisch korrekt sind bzw. ob ein bestimmtes Sprachhandeln der Situation angemessen ist. Im Unterricht wird ab der zweiten Klasse besonders auf die Vermittlung von Fachbegriffen geachtet, da Fachbegriffe permanent wichtig für das Verständnis des Unterrichtsgeschehens sind.

Innerhalb des sprachheilpädagogischen Unterrichts ist *handlungsbegleitendes Sprechen* als übergreifende Methode gebräuchlich (Kornmann, 2007). Handlungsbegleitendes Sprechen vermittelt Abläufe und Zusammenhänge, d. h. dass der Lehrer sprachlich Beziehungen vergegenständlicht. Reine Handlungen (enaktive Phase) entwickeln sich durch handlungsbegleitendes Sprechen (äußere Sprache) allmählich zu einer inneren Sprache. Die innere Sprache (symbolische Phase) dient z. T. als Selbstinstruktion bei der Planung der auszuführenden Tätigkeit (Mahlau, 2017; Reber & Schönauer-Schneider, 2014). Im Unterricht sollten Handlung und Sprache in einer optimal strukturierten Situation aufeinander bezogen sein, indem eine bestimmte Sprachsituation, z. B. das strukturierte Abarbeiten von Aufgabenfolgen, wiederholt präsentiert wird.

Weiterhin ist es notwendig, sprachauffälligen Kindern gezielt Aufgaben anzubieten, die zum einen *curricular spezifisch aufbereitet* wurden (z. B. im Umfang reduzierte Texte, stärker visualisierte Aufgabenstellungen usw.) und zum anderen Übungen zum *Abbau der Sprachauffälligkeiten* enthalten (▶ Kap. 3.2.1).

Durch die Anpassung des Unterrichts an die sprachlichen Fähigkeiten werden den Kindern Erfolgserlebnisse ermöglicht, die ihr Selbstvertrauen und ihre Lernmotivation stärken.

Die hier zusammengefasst dargestellten Möglichkeiten zur Sprachförderung auf der Förderebene I sind unter Punkt 3 spezifisch für den Einsatz im Unterricht aufbereitet. Weitere Förderoptionen finden sich in Mahlau (2017).

4.2.2 Förderebene II

Speziellere Maßnahmen zur Sprachförderung sind für die Kleingruppenförderung vorgesehen, in denen zum einen auf Fördermaßnahmen innerhalb des Unterrichts und zum anderen bereits auf die Probleme eines jeden Kindes mit hohem Sprachförderbedarf in Verbindung mit der Einzelförderung auf der Förderebene III eingegangen werden kann. Um zu gewährleisten, dass Kinder mit Sprachentwicklungsstörungen die Unterrichtsinhalte ausreichend erfassen, werden diese auf den Förderebenen I und II unter sprachlichen Aspekten von der Lehrkraft reflektiert und ggf. durch sprachliche Übungen vorbereitet. Unterschiedliche Maßnahmen, z. B. die Vereinfachung von Arbeitsblättern, die zu komplexe sprachliche Instruktionen enthalten, der Einsatz von Bildmaterial, welches das Sprachverständnis unterstützt, Visualisierungen für Strukturen im Tagesablauf sowie der Einsatz von Lautzeichen, finden im Unterricht der Förderebenen I *und* II Beachtung.

Für Kinder, für die die Sprachförderung innerhalb des Unterrichts, also auf der Ebene I, nicht ausreicht, sind zusätzlich Anstrengungen notwendig, um sie gezielt individuell zu fördern. So kann z. B. im Stationsbetrieb eine Sprachstation angeboten werden, an der jeder Schüler eine bestimmte sprachförderliche Aufgabe bearbeitet. Die Kinder mit dem Förderschwerpunkt Sprache erhalten an dieser Station eine individuelle Aufgabe. Wie unter in Kapitel 3.2. und 3.3 ausgeführt, sollten regelmäßige Übungen geplant werden, die sich an den sprachlichen Ebenen der Aussprache, der Grammatik, des Wortschatzes und der Pragmatik orientieren. Auch dies kann an einer Sprachstation während des Stationsbetriebes, innerhalb einer Werkstattarbeit oder in einer Kleingruppensituation erfolgen. Die betroffenen Schüler werden vor dem Hintergrund ihrer individuellen Ziele (▶ Kap. 3.1.4) gezielt auf der phonetisch-phonologischen Ebene, der semantisch-lexikalischen Ebene, der morphologisch-syntaktischen Ebene und im Sprachverständnis gefördert. Diese Übungen sind individuell für jeden Schüler mit einem Förderbedarf im Bereich Sprache in Zusammenarbeit mit dem Sonderpädagogen, der die Förderung auf der Förderebene III durchführt, auf der Grundlage der förderdiagnostischen Erkenntnisse zu planen und umzusetzen.

4.2.3 Förderebene III

Der Sonderpädagoge gestaltet die individuelle sprachtherapeutische Förderung auf der dritten Förderebene und unterstützt die Grundschullehrkraft gezielt auf den Förderebenen I und II. So besprechen Grundschul- und Sonderpädagoge in Fallbesprechungen gemeinsam sprachförderliche und sprachtherapeutische Maßnahmen, wie z. B. die Auswahl eines Wortschatzes, der im Unterricht verwendet und auf der Förderebene III sowohl rezeptiv als auch produktiv mit dem Kind erarbeitet und gesichert wird. Auch die Zusammenarbeit mit weiteren Fachpersonen (v. a. Logopäden) und dem Elternhaus wird in kooperativen Fallbesprechungen koordiniert.

Auf der Förderebene III erfolgt die gezielte, individuelle sprachtherapeutische Förderung der Kinder (▶ Kap. 3.3). Ziel ist die Überwindung und ggf. Kompensation sprachlicher Störungen. Dabei werden Therapieprogramme eingesetzt, die in der schulischen Förderpraxis umsetzbar und vom wissenschaftlichen Anspruch her einen möglichst hohen Grad an Evidenz (▶ Infobox 9) erreicht haben sollten. Die für das RIM ausgewählten Therapieverfahren betreffen Interventionen der phonetisch-phonologischen, der syntaktisch-morphologischen und der semantisch-lexikalischen Ebene und des Sprachverständnisses. Sie stellen die aktuell hinsichtlich ihrer Effektivität am besten untersuchten Verfahren dar. Diese Verfahren erfüllen zumindest teilweise die an ein evidenzbasiertes Verfahren gestellten Gütekriterien.

Was man unter »Evidenzbasierung« versteht und warum dies ein besonders wichtiges Qualitätsmerkmal von Unterricht und Förderung ist, wird in der nachfolgenden Infobox 9 dargestellt.

Evidenzbasierte Entscheidungen für Unterrichtsmethoden, Materialien und Fördermaßnahmen sollten daher vor dem Hintergrund der beschriebenen Kriterien getroffen werden. Ziel ist es, die bestmögliche und geeignetste Handlungsstrategie für die beteiligten Personen zu finden.

Die Tabelle 8 stellt die Verfahren der Förderebene III (▶ Kap. 3.3) im Überblick dar und kennzeichnet den Grad der jeweiligen Evidenz.

4.2 Sprachförderung und evidenzbasierte Praxis

Infobox 9: Was ist Evidenzbasierung?

Unter *Evidenzbasierung* wird verstanden, dass nur Methoden und Verfahren an Personen eingesetzt werden, für die in wissenschaftlichen Studien nachgewiesen wurde, dass sie zum einen tatsächlich zu dem angestrebten Interventionsziel führen und zum anderen im Vergleich zu anderen Methoden und Verfahren effektiver sind. Dieses Vorgehen ist aus der Medizin bekannt, in der es eine Selbstverständlichkeit ist, nur wissenschaftlich nachweislich wirksame Medikamente zu verschreiben.

Neben der eben beschriebenen *externen Evidenz* gehören zur Evidenzbasierung auch das individuelle Wissen und die Erfahrung der Lehrkräfte (Hillenbrand, 2014), die *interne Evidenz*, sowie die Bedürfnisse der Schüler und ihrer Erziehungsberechtigten (*soziale Evidenz*) (Blumenthal & Mahlau, 2015; Sackett, Straus, Richardson, Rosenberg & Haynes, 2000).

Mit dem Prinzip der Evidenzbasierung wird in den letzten Jahren eine Möglichkeit der Qualitätssicherung in der Sprachheilpädagogik diskutiert (Beushausen, 2009; Cholewa, 2010). Es wurden unterschiedliche Evidenzhierarchien gebildet, mit Hilfe derer die Evidenz des jeweiligen Verfahrens beurteilt werden kann (Beushausen, 2009; Fingerle & Ellinger, 2008; Oxford Centre for Evidence-Based Medicine, 2001). Die Evidenzhierarchie des Oxford Centre for Evidende-Based Medicine wird nachfolgend vorgestellt.

Evidenzhierarchie des Oxford Centre for Evidence-Based Medicine (2001)

Level	Kriterien
1	Systematische Überblicksarbeiten (Metaanalysen)
	Randomisierte Kontrollstudien
2	Kontrollstudien, davon mindestens eine mit Randomisierung
	Multiple-Baseline-Designs
3	Studien mit mehreren Fällen, die die gleiche Behandlung erhalten
	gut konzipierte Studien ohne randomisierte Gruppenzuweisung
4	Einzelfallstudien
	klinische Berichte
5	Deskriptive Studien
	Meinung respektierter Experten, auf Basis klinischer Erfahrungen
	Berichte von Expertenkommissionen

(stärkste Evidenz ↑ — schwächste Evidenz ↓)

Tab. 8: Therapiekonzepte auf der Förderebene III (modifiziert aus Mahlau, 2016a)

Sprachebene	Empfohlene Therapiekonzeption	Evidenz
phonetisch-phonologisch	Psycholinguistisch orientierte Phonologie Therapie (P.O.P.T., Fox, 2007)	Gut (Level 3)
syntaktisch-morphologisch	Kontextoptimierung (Motsch, 2010)	Hervorragend (Level 1)
semantisch-lexikalisch	Förderung in Anlehnung an »Bausteine sprachtherapeutischen Unterrichts« (Reber & Schönauer-Schneider, 2014)	Mäßig (Level 5)
	Wortschatzsammler-Konzeption (Motsch & Ulrich, 2012)	Sehr gut (Level 2)
Sprachverständnis	Förderung in Anlehnung an »Bausteine sprachtherapeutischen Unterrichts« (Reber & Schönauer-Schneider, 2014)	Mäßig (Level 5)

Abschließend sei erwähnt, dass bei allen Maßnahmen das individuelle Störungsprofil des Kindes beachtet werden muss. Welches diagnostische Verfahren eingesetzt und welches therapeutische Programm ausgewählt wird, leitet sich grundsätzlich aus dem individuellen Förderbedarf ab.

4.2.4 Ergebnisse der wissenschaftlichen Begleitung

Das in den Kapiteln 4.1 und 4.2 skizzierte Konzept wird seit dem Schuljahr 2010/2011 in Kooperation mit den auf der Insel Rügen ansässigen zwölf staatlichen Grundschulen, den zwei Förderzentren mit dem sonderpädagogischen Förderschwerpunkt Lernen, dem Staatlichen Schulamt Greifswald sowie dem Bildungsministerium Mecklenburg-Vorpommern umgesetzt. Auf Rügen lernen seit Projektbeginn alle Schüler mit Sprachentwicklungsauffälligkeiten im inklusiven Unterricht; es fand seitdem keine Bildung von Sonderklassen, wie Sprachheilgrundschulklassen, statt.

Um zu überprüfen, welche Qualität diese Konzeption im Vergleich zu den bis zu diesem Zeitpunkt bestehenden Möglichkeiten der

4.2 Sprachförderung und evidenzbasierte Praxis

Beschulung für Kinder mit dem sonderpädagogischen Förderbedarf Sprache hat, wurde eine wissenschaftliche Untersuchung durch ein Forscherteam der Universität Rostock durchgeführt. Dazu wurden die Schulsettings »Sprachheilklasse« und »Gemeinsamer Unterricht« zum Vergleich herangezogen. Kinder, die in diesen beiden Schulsettings lernten, wurden im Sprachheilpädagogischen Förderzentrum Rostock und in einer Sprachheilgrundschulklasse in Stralsund (Sprachheilklassen) oder in den acht staatlichen Grundschulen Stralsunds im gemeinsamen Unterricht beschult.

Es lässt sich feststellen, dass die Effekte nach den ersten zwei Schuljahren zwischen den drei Gruppen sehr ähnlich sind. Der Vergleich mit den Altersnormangaben der Testverfahren zeigt jedoch im emotionalen und sozialen Entwicklungsbereich sowie für den Lernbereich Lesen unterschiedliche Klassifikationen der erreichten Leistungswerte zwischen den Untersuchungsgruppen (Mahlau, 2016a).

Sprachentwicklung

In allen drei Untersuchungsgruppen verbesserten die Schüler im Mittelwert signifikant ihre Leistungen im Wortschatz, im phonologischen Arbeitsgedächtnis und in der Grammatik. Zwischen den Gruppen ergeben sich keine signifikanten Unterschiede. Erfreulich ist, dass im Mittel alle Untersuchungsgruppen zur Altersnorm aufschließen konnten.

Lernbereiche Schriftspracherwerb und Mathematik

Auch in den Bereichen Lesen, Rechtschreiben und Mathematik zeigen sich keine signifikanten Unterschiede zwischen den Leistungen der untersuchten drei Gruppen. Der Vergleich mit den Normwerten verweist auf eine weit unterdurchschnittliche Leistungsfähigkeit im Bereich der Rechtschreibung und auf eine unterdurchschnittliche Leistung im mathematischen Bereich in allen Untersuchungsgruppen. Die Leseleistung ist deutlich besser. Hier erreichen die Kinder der Experimentalgruppe auf Rügen und die Kinder der Sprachheilklassen Werte im durchschnittlichen Bereich. Die Kinder im gemeinsamen Unterricht lesen dagegen auf unterdurchschnittlichem Niveau.

Emotionale und soziale Entwicklung

Im Bereich der emotionalen und sozialen Entwicklung zeigen die mit dem FEESS 1-2 (Rauer & Schuck, 2004) erhobenen Werte signifikante Unterschiede zwischen den untersuchten drei Gruppen.

- So haben die Rügener Kinder mit Sprachentwicklungsstörungen ein signifikant höheres »Selbstkonzept der Schulfähigkeit« als die Gruppe im gemeinsamen Unterricht. Der Klassennormvergleich zeigt jedoch, dass die Kinder mit Sprachentwicklungsstörungen auf Rügen in den Bereichen »Selbstkonzept der Schulfähigkeit«, »Anstrengungsbereitschaft« und »Lernfreude« unterdurchschnittlich abschneiden.
- Die Kinder in Sprachheilklassen haben eine signifikant höhere Lernfreude als die Kinder im gemeinsamen Unterricht. Sie haben in zwei Bereichen unterdurchschnittliche Werte (»soziale Integration«, »Selbstkonzept der Schulfähigkeit«), weisen jedoch in den Subtests »Lernfreude« und »Schuleinstellung« überdurchschnittliche Werte auf.
- Die Kinder im gemeinsamen Unterricht haben in sechs der sieben FEESS-Subtests unterdurchschnittliche Werte (»Soziale Integration«, »Klassenklima«, »Selbstkonzept der Schulfähigkeit«, »Anstrengungsbereitschaft«, »Lernfreude«, »Gefühl des Angenommenseins«). Lediglich in der »Schuleinstellung« weist diese Gruppe durchschnittliche Werte auf.

Die Ergebnisse nach der zweijährigen Beschulung zeigen, dass der Unterricht mit sprachentwicklungsauffälligen Kindern nach dem RIM in einer vergleichbaren Qualität wie der Unterricht in Sprachheilklassen gelingt. In beiden Schulsettings erfolgen eine spezifische sprachheiltherapeutische Intervention in zusätzlichen Förderstunden und die sprachheilpädagogische Aufbereitung des Grundschulcurriculums. Beide Gruppen unterscheiden sich in keinem Bereich signifikant voneinander und auch der Vergleich mit den Normwerten der eingesetzten Testverfahren ist bis auf den emotional-sozialen Entwicklungsbereich annähernd gleich. Dagegen erscheint das Konzept des »Gemeinsamen Unterrichts« ohne umfassende Sprachfördermaßnahmen für Kinder mit Sprachentwicklungsstörungen weniger geeignet, da sowohl sämtliche curricularen Leistungen unterdurchschnittlich sind, als auch die Kinder erhebliche negative emotionale und soziale Schulerfahrungen aufweisen.

Gerade die emotional-sozialen Schulerfahrungen stellen für die sprachentwicklungsauffälligen Kinder in allen Gruppen ein besonderes Risiko dar. Zum dargestellten Zeitpunkt sind sie im emotionalen Bereich deutlich stärker beeinträchtigt als in der sprachlichen Leistungsfähigkeit. Wichtig ist es daher, dass in inklusiven Klassen die emotionalen und sozialen Risiken der Kinder besonders berücksichtigt werden. Hilfreiche Hinweise dafür geben Marten und Blumenthal (2017).

Die Ergebnisse zeigen zudem, dass in allen Gruppen gute Fortschritte in den sprachlichen Fähigkeiten erreicht werden konnten. Die zur Lernausgangslage (weit) unterdurchschnittlichen Leistungen im phonologischen, semantisch-lexikalischen und syntaktisch-morphologischen Bereich (Mahlau, 2016a; 2013) liegen am Ende der zweiten Klasse in den Gruppenmittelwerten – bis auf den Subtest Erkennen und Korrigieren inkorrekter Sätze des SET 5-10 (Petermann, 2012) – im Altersnormbereich.

Die vorliegenden Ergebnisse zeigen weiterhin, dass es in keinem Schulsetting gelingt, eine zufriedenstellende Schulleistungsfähigkeit der untersuchten Kindergruppen zu erreichen. Es muss jedoch beachtet werden, dass die schulischen Lernvoraussetzungen in allen Gruppen sehr gering waren. Vor diesem Hintergrund sind die durchschnittlichen Leseleistungen der Kinder im RIM und in den Sprachheilklassen als zufriedenstellend anzusehen. Das in diesen Gruppen eingesetzte Konzept zur Leseförderung (Kieler Leseaufbau; Dummer-Smoch & Hackethal, 2007) verbunden mit der entsprechenden didaktischen Aufbereitung hat folglich eine recht gute Wirksamkeit. Dagegen sollten die weit unterdurchschnittlichen Leistungen im Bereich der Rechtschreibung und die unterdurchschnittlichen Leistungen im Bereich der Mathematik zu Überlegungen für eine intensivierte und ggf. modifizierte Gestaltung von Förderung und Unterricht führen (Häsel-Weise, Nührenbörger, Moser & Wittich, 2013; Mayer, 2010; Reber, 2009).

4.3 Fazit und abschließende Hinweise zur praktischen Umsetzung

Nach vier Jahren wissenschaftlicher Begleitung der beschriebenen Konzeption lässt sich ein überwiegend positives Fazit für die Umsetzung der Sprachförderkonzeption im RIM ziehen. So zeigen die oben beschriebenen Effekte der begleitenden Evaluationsstudie (Mahlau, 2016a), dass die Kinder mit Sprachauffälligkeiten im RIM Lernleistungen und Sprachentwicklungsverläufe aufweisen, die mit denen in Sprachheilklassen vergleichbar sind. Bis zum Ende der vierten Klassenstufe wurde bei keinem Kind mit Sprachentwicklungsstörung des Untersuchungsjahrganges ein sonderpädagogischer Förderbedarf im Bereich Sprache beantragt. Somit wurde ein Ziel des RIM, präventiv zu arbeiten, also sonderpädagogischen Förderbedarf zu verhindern, für den Förderbereich Sprache erreicht.

Aus den wissenschaftlichen Erkenntnissen und den Erfahrungen aus der schulischen Umsetzung der Rügener Lehrkräfte lässt sich eine Reihe von Hinweisen zur praktischen Umsetzung ableiten. Dabei muss beachtet werden, dass diese Form eines inklusiven Unterrichtskonzepts für den Förderschwerpunkt Sprache im deutschsprachigen Bereich relativ neu ist und die Erfahrungen sich auf den ersten Jahrgang beziehen. Die Rückmeldungen der Grundschul- und Sonderpädagogen aus der Praxis sowie die Erfahrungen während der Konzeptionsphase des RIM zeigen sowohl positive Aspekte als auch einige Problemfelder, die es bei einer Umsetzung zu beachten gilt.

4.3 Fazit und abschließende Hinweise zur praktischen Umsetzung

4.3.1 Stärken der Konzeption

Innerhalb des RIM bietet das Sprachförderkonzept eine *klar vorgegebene Rahmenstruktur*, die sich an die weiteren Konzeptinhalte eines umfassenderen inklusiven Modells anpasst und somit keine »exklusive« Stellung einnimmt. Damit ist eine wesentliche Bedingung inklusiven Unterrichts – dass sich Kinder mit einem Förderbedarf als Teil einer gleichberechtigten inklusiven Gemeinschaft fühlen – gegeben. Innerhalb der Rahmenstruktur ist auch die Zuweisung einer ausreichenden Anzahl von Förderstunden für die Förderebenen II und III zu gewährleisten. Weiterhin ist die *klare Rollenzuweisung der involvierten Grundschul- und Sonderpädagogen* positiv zu bewerten. Beide Pädagogengruppen setzen innerhalb ihrer spezifischen Arbeitsbereiche die sogenannten »Kernaufgaben« um und kooperieren in bestimmten Aufgabenfeldern miteinander. Festgelegte Beratungszeiten und das einheitlich verwendete Material erleichtern spezielle Absprachen und eine effektive Zusammenarbeit.

Die Voraussetzungen für eine gelingende Umsetzung einer Unterrichtskonzeption wie dem Sprachförderkonzept des RIM bilden umfangreiche *Fortbildungsmaßnahmen* (Mahlau et al., 2016d). Der gemeinsame Besuch der Fortbildungen, deren Inhalte mit dem Gesamtkonzept und im Bereich Sprache zwischen den einzelnen Förderebenen abgestimmt sind, wird als Stärke des Konzeptes angesehen, da beide Pädagogengruppen ein einheitliches (sonder)pädagogisches Vorgehen und ein gemeinsames Fachvokabular verwenden.

Ein herauszuhebender Vorteil einer erfolgreichen Beschulung für Kinder mit einem hohen Sprachförderbedarf im RIM ist die *differenzierte Diagnostik* aller Kinder zu Beginn der ersten beiden Schuljahre (Screening). So wird sichergestellt, dass Kinder mit Sprachentwicklungsauffälligkeiten mit hoher Wahrscheinlichkeit erfasst werden und die individuelle Problematik anhand einer spezifischeren Diagnostik erkannt wird. Der halbjährliche Einsatz standardisierter Verfahren und die monatliche Erfassung auch kleiner Fortschritte durch Lernverlaufsdiagnostiken ermöglichen ein Nachvollziehen des Sprachentwicklungsverlaufs und eine entsprechende Anpassung der Fördermaßnahmen an die individuellen Bedürfnisse des Kindes.

Die im RIM realisierten Maßnahmen zur Förderung im Unterricht sind die aktuell wirksamsten und in der Schulpraxis am besten umsetzbaren auf dem Markt. Die Verfahren und deren Evaluationsstudien wurden im Hinblick auf *besonders wirksame Maßnahmen zur Sprachförderung* analysiert und in die Konzeption implementiert. Durch dieses Prinzip besteht die Chance, dass sich ein vergleichsweise größerer Sprachentwicklungsfortschritt der Kinder mit Sprachstörungen einstellt und sie dadurch schneller ihre individuelle Sprachstörungssymptomatik überwinden.

4.3.2 Besondere Herausforderungen bei der Umsetzung

Neben den Stärken gibt es innerhalb des Sprachförderkonzepts im RIM auch eine Reihe von Herausforderungen, die v. a. spezielle, in Deutschland bisher wenig im Unterrichtskontext berücksichtigte, Rahmenbedingungen betreffen.

So lässt sich feststellen, dass es in Deutschland nur *sehr wenige evidenzbasierte Sprachtherapieverfahren* gibt, die sich auch im Bereich der inklusiven schulischen Förderung einsetzen lassen. Es gibt kaum Auswahlmöglichkeiten zwischen unterschiedlichen, in der Fachwissenschaft als gleichwertig angesehenen, Verfahren innerhalb einer bestimmten Sprachebene. Die im RIM auf der Förderebene III implementierten Sprachtherapieverfahren sind, bis auf das Verfahren »Kontextoptimierung«, nur an sehr kleinen Stichproben erprobt und erreichen lediglich einen geringen bis mittleren Grad an Evidenz. Die auf den Förderebenen I und II eingesetzten sprachförderlichen Maßnahmen basieren auf Erfahrungen aus dem sprachheilpädagogischen Unterricht, die nicht durch kontrollierte Studien belegt sind. Sie beruhen auf Erkenntnissen von qualifiziertem Fachpersonal und (Spracherwerbs-)Theorien. Daher ist es wichtig, dass Schulen, die eine praktische Umsetzung nach den Elementen des RIM anstreben, sich genau darüber informieren, welche sprachtherapeutischen Verfahren zum gegenwärtigen Zeitpunkt besonders effektiv und in der Grundschule umsetzbar sind.

Ein weiteres Problemfeld ist das bisherige *Nichtvorhandensein des zentralen Bausteins der Lernverlaufsdiagnostik*. Für die Messung der

4.3 Fazit und abschließende Hinweise zur praktischen Umsetzung

Sprachentwicklungsfortschritte der phonetischen sowie der morphologischen und syntaktischen Ebene wurden entsprechende Verfahren von den Mitarbeitern der wissenschaftlichen Begleitung neu entwickelt und erstmalig eingesetzt. Diese Neuerung könnte in der Umsetzung Probleme bereiten, da die Sonderpädagogen dabei nicht auf schulpraktische Routinen zurückgreifen können. Es ist aber davon auszugehen, dass sich dies in den nachfolgenden Jahren ändern wird. So werden Verfahren zur Lernverlaufsdiagnostik in den Lernbereichen verstärkt eingesetzt. Erste Verfahren und Evaluationsstudien zur Lernverlaufsdiagnostik im Bereich Sprache finden gegenwärtig statt. Bei der Implementation dieses Bausteins ist auf eine ausreichende Einarbeitungsphase und ggf. Begleitung der Lehrkräfte zu achten.

Ein besonders zu beachtender Bereich ist der *Grad der Professionalisierung* der beteiligten Lehrkräfte. Die Lehrkräfte auf Rügen haben an einer sehr umfangreichen Fortbildungsreihe (Mahlau, Voß & Hartke, 2016a; 2016b; 2016c; 2016d) teilgenommen, um für die Umsetzung der einzelnen Bausteine des RIM die notwendige fachliche Grundlage zu schaffen. Bis zu diesem Zeitpunkt fühlten sich die Kolleginnen und Kollegen für das Unterrichten und Fördern von Kindern mit Sprachentwicklungsauffälligkeiten unzureichend ausgebildet und es fehlte ihnen an ausreichender praktischer Erfahrung. Es ist daher sehr wichtig, dass alle beteiligten Lehrkräfte die für ihre Arbeit auf unterschiedlichen Förderebenen entsprechende sprachheilpädagogische Qualifizierung haben bzw. sich diese in Fortbildungen nachträglich aneignen. Die Entwicklung von Kompetenzen für den inklusiven Unterricht führt bei den Lehrkräften, quasi als eine Art Nebeneffekt, zu mehr Motivation und einer deutlich positiveren Einstellung für diese wichtige Aufgabe.

Abschließend ist festzuhalten, dass der inklusiv ausgerichtete Unterricht nach dem Rügener Inklusionsmodell für Kinder mit Sprachentwicklungsstörungen eine Alternative zur Beschulung in Sprachheilklassen darstellt. Wünschenswert wäre, dass die aktuelle Konzeption durch Maßnahmen ergänzt werden würde, die eine erfolgreiche Beschulung von Kindern mit weiteren Sprachstörungen, wie beispielsweise Mutismus oder Stottern, in inklusiven schulischen Settings sichert. Auch sollte stärker die emotional-soziale Lage der im RIM beschulten Kinder mit Sprachentwicklungsstörungen Berücksichtigung finden. Für viele der betroffenen Schüler sind spezifische Hilfen zur sozialen Integration, zur Förderung des Fähigkeitenselbstkonzepts und des Selbstwertgefühls angezeigt.

Die dargestellten Möglichkeiten der inklusiven Förderung sind bei einem entsprechenden Engagement der Lehrkräfte und einer zuversichtlichen Grundeinstellung zum eigenen Handeln sowie einer umfassenden Unterstützung durch Verwaltung und Schuladministration (Blumenthal, 2017) erfolgreich zu realisieren.

Literatur

Aaron, P.G., Joshi, M. & Williams, K.A. (1999). Not all reading disabilities are alike. *Journal of Learning Disabilities, 32*, 120–137.
Adams, I. & Struck, V. (2010). *Kunterbunt rund um den Mund.* (9. Aufl.). Dortmund: modernes lernen.
American Psychiatric Association (2013). *Diagnostic and Statistical Manual of Mental Disorders* (5th ed.). Arlington (VA): American Psychiatric Association.
Amorosa, H. (2008). Umschriebene Entwicklungsstörungen der Sprache. In B. Herpertz-Dahlmann, F. Resch, M. Schulte-Markwort & A. Warnke (Hrsg.). *Entwicklungspsychiatrie – Biopsychologische Grundlagen und die Entwicklung psychischer Störungen* (2. Aufl., S. 570–589). Stuttgart: Schattauer.
Amorosa, H. & Noterdaeme, M. (2002). Effektivität der Behandlungen von Kindern mit ausgeprägten Sprachentwicklungsstörungen. In W. von Suchodoletz (Hrsg.). *Therapie von Sprachentwicklungsstörungen. Anspruch und Realität* (S. 70–82). Stuttgart: Kohlhammer.
Angermaier, M.J.W. (2007). *Entwicklungstest Sprache für Kinder von 4-8 Jahren (ETS).* Frankfurt: Pearson.
Aram, D., Ekelman, B. & Nation, J. (1984). Preschoolers with language disorders: 10 years later. *Journal of Speech and Hearing Research, 27*, 232–244.
Aram, D. & Hall, N. (1989). Longitudinal follow-up of children with preschool communication disorders: Treatment implications. *School Psychology Review, 18*, 487–501.
Arand, B. (1998). Kindliche Sprachauffälligkeiten und Rechtschreibschwierigkeiten: Ein Vergleich der Rechtschreibleistungen von Schülern der Schule zur individuellen Sprachförderung und der Grundschule. *Die Sprachheilarbeit, 43*, 137–147.
Baddeley, A. (2002). Is Working Memory Still Working? *European Psychologist, 7*, 85–97.
Baker, L.B. & Cantwell, D.P. (1987). A prospective psychiatric follow-up of children with speech/language disorders. *Journal of the American Academy of Child and Adolescent Psychiatry, 26*, 546–553.
Barth, K. (2012). *Die Diagnostischen Einschätzskalen (DES) zur Beurteilung des Entwicklungsstandes und der Schulfähigkeit.* München: Reinhardt.

Literatur

Baur, S. & Endres, R. (1999). Kindliche Sprachverständnisstörungen. Der Umgang im Alltag und in spezifischen Fördersituationen. *Die Sprachheilarbeit, 44*, 318–328.

Behrnd, S.-M., Steffen, M., Romonath, R. & Gregg, N. (2003). Untersuchungen zu phonologischen und orthografischen Verarbeitungsfähigkeiten von Jugendlichen mit schwerer Legasthenie aus der schulischen Intensivförderung. In Ministerium für Bildung, Wissenschaft und Kultur des Landes Mecklenburg-Vorpommern (Hrsg.). *Optimierung von Lese-Rechtschreibfähigkeiten bei Legasthenikern im Jugendalter* (S. 135–157). Schwerin: Kultusministerium.

Berg, M. (2015). *MuSE-Pro – Überprüfung grammatischer Fähigkeiten bei 5- bis 8-jährigen Kindern.* München: Reinhardt.

Berg, M. (2008). *Kontextoptimierung im Unterricht. Praxisbausteine für die Förderung grammatischer Fähigkeiten.* München: Reinhardt.

Beushausen, U. (2009). *Therapeutische Entscheidungsfindung in der Sprachtherapie. Grundlagen und 14 Fallbeispiele.* München: Elsevier.

Bless, G. (2017). Integrationsforschung: Entwurf einer Wissenskarte. *Zeitschrift für Heilpädagogik, 5*, 216–227.

Blumenthal, Y. (2017). Ein Rahmenkonzept mit mehreren Förderebenen – Response to Intervention (RTI). In B. Hartke (Hrsg.). *Handlungsmöglichkeiten Inklusion – Band 1: »Rügener Inklusionsmodell kompakt«* (S. 20–32). Stuttgart: Kohlhammer.

Blumenthal, Y. & Mahlau, K. (2015). Evidenzbasierung in der schulischen Sonderpädagogik. *Zeitschrift für Heilpädagogik 9*, 408–421.

Borchert, J. (1996). *Pädagogisch-therapeutische Interventionen bei sonderpädagogischem Förderbedarf.* Göttingen: Hogrefe.

Braun, O. (2005). Bildung, Erziehung und Unterricht in der Sprachheilpädagogik. In M. Grohnfeldt (Hrsg.). *Lehrbuch der Sprachheilpädagogik und Logopädie* (Band 5, S. 25–68). Stuttgart: Kohlhammer.

Braun, O. (1999). *Sprachstörungen bei Kindern und Jugendlichen. Diagnostik-Therapie-Förderung.* Stuttgart: Kohlhammer.

Bruner, J.S., Oliver, R.S. & Greenfield, P.M. (1971). *Studien zur kognitiven Entwicklung.* Stuttgart: Kohlhammer.

Campbell, N. & Skarakis-Doyle, E. (2007). School-aged children with SLI: The ICF as a framework for collaborative service delivery. *Journal of Communication Disorders, 40*, 513–535.

Catts, H.W. (1993). The Relationship between Speech-Language Impairments and Reading Disabilities. *Journal of Speech and Hearing Research, 36*, 948–958.

Catts, H.W., Adlof, S.M. & Weismer, S.E. (2006). Language Deficits in Poor Comprehenders: A Case for the simple View of Reading. *Journal of Speech, Language and Hearing Research, 49*, 278–293.

Catts, H.W., Fey, M.E., Zhang, X. & Tomblin, J.B. (2002). A longitudinal investigation of reading outcomes in children with language impairments. *Journal of Speech, Language and Hearing Research, 45*, 1142–1157.

Catts, H.W., Hogan, T.P & Adlof, S.M. (2009). Developmental Changes in Reading and Reading Disabilities. In H.W. Catts & A.G. Kamhi (eds). *The Connections Between Language and Reading Disabilities* (S. 25–40). New York: Psychology Press.

Catts, H.W. & Kamhi, A.G. (1999). Defining Reading Disabilities. In H. Catts & A.G. Kamhi (eds.). *Language and Reading Disabilities* (S. 50–72). Boston: Allyn & Bacon.

Cholewa, J. (2010). Empirische Sprachheilpädagogik: Strategien der Sprachtherapieforschung bei Störungen der Sprachentwicklung. *Empirische Sonderpädagogik, 3*, 48–68.

Conti-Ramsden, G. & Durkin, K. (2012). Language development and assessment in the preschool period. *Neuropsychology Review, 22*, 384–401.

Dannenbauer, F.M. (2009). Prävention aus pädagogischer Sicht (inklusive linguistische und psychologische Perspektiven). In M. Grohnfeldt (Hrsg.). *Lehrbuch der Sprachheilpädagogik und Logopädie. Band 3. Diagnostik, Prävention und Evaluation* (S. 104–115). Stuttgart: Kohlhammer.

Dannenbauer, F.M. (2002). Grammatik. In S. Baumgartner & I. Füssenich (Hrsg.). *Sprachtherapie mit Kindern* (5. Aufl., S. 105–161). München: Reinhardt.

Dannenbauer, F.M. (2001a). Chancen der Frühintervention bei spezifischer Sprachentwicklungsstörung. *Die Sprachheilarbeit, 46*, 103–111.

Dannenbauer, F.M. (2001b). Spezifische Sprachentwicklungsstörung. In M. Grohnfeldt (Hrsg.). *Lehrbuch der Sprachheilpädagogik und Logopädie. Band 2. Erscheinungsformen und Störungsbilder* (S. 48–74). Stuttgart: Kohlhammer.

Dempsey, L. & Skarakis-Doyle, E. (2010). Developmental language impairment through the lens of the ICF: integrated account of children`s functioning. *Journal of Communication Disorders, 43*, 424–437.

Deno, S.L. (2003). Developments in curriculum-based measurement. *Journal of Special Education, 37*, 184–192.

Deutsches Institut für Medizinische Dokumentation und Information [DIMDI] (2017). ICD-10-GM Version 2017. Abgerufen unter *https://www.dimdi.de/¬static/de/klassi/icd-10-gm/kodesuche/onlinefassungen/htmlgm2017/* am 23.08.2017.

Dilling, H., Mombour, W., Schmidt, M.H. & Schulte-Markwort, E. (2011; Hrsg.). *Internationale Klassifikation psychischer Störungen – ICD-10, Kapitel V (F) Diagnostische Kriterien für Forschung und Praxis* (8. überarb. Aufl.). Bern: Huber.

Dummer-Smoch, L. (2002). *Laute – Silben – Wörter. Übungsbuch zum Lesenlernen mit Lautgebärden.* Kiel: Veris.

Literatur

Dummer-Smoch, L. & Hackethal, R. (2007). *Kieler Leseaufbau. Handbuch und Übungsmaterialien.* Kiel: Veris.

Durkin, K. & Conti-Ramsden, G. (2007). Language, social behavior, and the quality of friendships in adolescents with and without a history of specific language impairment. *Child development, 78* (5), 1441–1457.

Eisert, D. & Rist, A. (2009). *Spiele zur grammatischen Sprachförderung und -therapie – Modifikation von 20 Regelspielen im Sinne der Kontextoptimierung von Hans-Joachim Motsch.* München: Avm-Verlag.

Elben, C.E. & Lohaus, A. (2000). *Marburger Sprachverständnistest (MSVK).* Göttingen: Hogrefe.

Elsen, H. (1999). Auswirkungen des Lautsystems auf den Erwerb des Lexikons – Eine funktionalistisch-kognitive Perspektive. In J. Meibauer & M. Rothweiler (Hrsg.). *Das Lexikon im Spracherwerb* (S. 88–105). Tübingen: A. Francke.

Esser, G. & Wyschkon, A. (2010). *Potsdam-Illinois Test für Psycholinguistische Fähigkeiten.* Göttingen: Hogrefe.

Fingerle, M. & Ellinger, S. (2008). *Sonderpädagogische Förderprogramme im Vergleich. Orientierungshilfen für die Praxis.* Stuttgart: Kohlhammer.

Forster, M. & Martschinke, S. (2008). *Leichter lesen und schreiben lernen mit der Hexe Susi* (Band 2). Donauwörth: Auer.

Fox, A. (2016). *TROG-D. Test zur Überprüfung des Grammatikverständnisses* (7. Aufl.). Idstein: Schulz-Kirchner.

Fox, A. (2014). *PLAKSS – Psycholinguistische Analyse kindlicher Sprechstörungen* (2. überarbeitete Aufl.). Frankfurt: Pearson.

Fox, A. (2007). *Kindliche Aussprachestörungen. Phonologischer Erwerb – Differenzialdiagnostik – Therapie* (2. Aufl.). Idstein: Schulz-Kirchner.

Fromm, W., Schöler, H. & Scherer, C. (1998). Jedes vierte Kind sprachgestört? Definition, Verbreitung, Erscheinungsbild, Entwicklungsbedingungen und -voraussetzungen der Spezifischen Sprachentwicklungsstörung. In H. Schöler, W. Fromm & W. Kany (Hrsg.). *Spezifische Sprachentwicklungsstörung und Sprachlernen. Erscheinungsformen, Verlauf, Folgerungen für Diagnostik und Therapie* (S. 21–64). Heidelberg: Winter.

Gasteiger-Klicpera, B. & Klicpera, C. (2005). Lese-Rechtschreibschwierigkeiten bei sprachgestörten Kindern der 2.-4. Klassenstufe. In P. Arnoldy & B. Traub (Hrsg.). *Sprachentwicklungsstörungen früh erkennen und behandeln* (S. 77–95). Karlsruhe: Loeper.

Gieseke, T. & Harbrucker, F. (1991). Wer besucht die Schule für Sprachbehinderte? – Untersuchung zur Struktur der Schülerschaft der Schulen für Sprachbehinderte in Berlin (West) zur Ermittlung von Aussagen über sonderpädagogische Interventionsvoraussetzungen. *Die Sprachheilarbeit, 36,* 170–180.

Giesinger, J. (2009). Neurodidaktik und die Normativität des Lernens. *Pädagogische Rundschau, 63* (5), 527–538.

Girardet, U. (2016). Maßnahmen für Schüler mit AVWS im inklusiven Kontext. *Sprachförderung und Sprachtherapie in Schule und Praxis, 3*, 147–153.

Glück, C.W. (2011). *Wortschatz- und Wortfindungstest für 6- bis 10-Jährige. WWT 6-10* (2. Aufl.). München: Elsevier.

Glück, C.W. (2003). Semantisch-lexikalische Störungen bei Kindern und Jugendlichen. Therapieformen und ihre Wirksamkeit. *Sprache Stimme Gehör, 27* (3), 125–134.

Glück, C.W. (2000). Von Lautfindungsstörungen und vom Langsamlesen: Wie Kinder mit semantisch-lexikalischen Schwierigkeiten ihre Lesewege gehen. *Die Sprachheilarbeit, 45*, 47–56.

Glück, C.W. (1998). *Kindliche Wortfindungsstörungen.* Frankfurt am Main: Lang.

Glück, C.W. & Obergföll, K. (2009). »ein-dei-dei (eins-zwei-drei)« Diagnostik des phonologischen Arbeitsgedächtnisses bei aussprachegestörten Kindern. *Sprachheilarbeit, 54*, 138–145.

Glück, C.W., Reber, K., Spreer, M. & Theisel, A. (2014). dgs-Positionspapier. Kinder und Jugendliche mit Förderschwerpunkt Sprache und Kommunikation in inklusiven Bildungskontexten. *Praxis Sprache, 1*, 5–7.

Grimm, H. (2003). *Störungen der Sprachentwicklung* (2. Aufl.). Göttingen [u. a.]: Hogrefe.

Grimm, H. & Wilde, S. (1998). Sprachentwicklung: Im Zentrum steht das Wort. In H. Keller (Hrsg.). *Lehrbuch Entwicklungspsychologie* (S. 445–473). Bern: Huber.

Grohnfeldt, M. (2015). Inklusion bei Sprachstörungen als kooperative Aufgabenstellung. In M. Grohnfeldt (Hrsg.). *Inklusion im Förderschwerpunkt Sprache* (S. 15–36). Stuttgart: Kohlhammer.

Grohnfeldt, M. (2013). Kinder mit Sprachentwicklungsstörungen in der Grundschule. *Sache, Wort, Zahl, 41* (134), 52–56.

Grohnfeldt, M. (2011). Inklusion als fachspezifisches Aufgabengebiet von Sprachheilpädagogik und Sprachtherapie. *Sprache Stimme Gehör, 35*, 133–135.

Grunwell, P. (1987). *Clinical Phonology* (2. Aufl.) London: Croom Helm.

Hachul, C. & Schönauer-Schneider, W. (2012). *Sprachverstehen bei Kindern. Grundlagen, Diagnostik und Therapie.* München: Urban & Fischer.

Hacker, D. & Weiß, K.H. (1986). *Zur phonemischen Struktur funktioneller Dyslalien.* Oldenburg: Arbeiter Wohlfahrt Verlag.

Hacker, D. & Wilgermein, H. (2001). *Aussprachestörungen bei Kindern (AVAK).* München: Reinhardt.

Häring, M., Schakib-Ekbatan, K. & Schöler, H. (1997). Zur Diagnostik und Differentialdiagnostik von Sprachentwicklungsauffälligkeiten. *Die Sprachheilarbeit, 42*, 221–229.

Hartke, B. (2017a; Hrsg.). *Handlungsmöglichkeiten Inklusion – Band 1: »Rügener Inklusionsmodell kompakt«.* Stuttgart: Kohlhammer.

Hartke, B. (2017b). Gelingende Inklusion – das Rügener Inklusionsmodell (RIM). In B. Hartke (Hrsg.). *Handlungsmöglichkeiten Inklusion – Band 1: »Rügener Inklusionsmodell kompakt«* (S. 11–19). Stuttgart: Kohlhammer.

Hartke, B. (2017c). Teamarbeit und Qualitätssicherung. In B. Hartke (Hrsg.). *Handlungsmöglichkeiten Inklusion – Band 1: »Rügener Inklusionsmodell kompakt«* (S. 250–269). Stuttgart: Kohlhammer.

Hartmann, E. (2013). Evidenzbasiertes Denken und Handeln in der Logopädie/ Sprachheilpädagogik. State of the Art und Perspektiven. *Vierteljahreszeitschrift für Heilpädagogik, 4*, 339–343.

Hartmann, E. (2012). Wenn professionelle Expertise zu kurz greift: Auftakt zum Themenstrang »Evidenzbasierte Logopädie/Sprachheilpädagogik«. *Vierteljahreszeitschrift für Heilpädagogik, 1*, 60–63.

Hartmann, E. (2002). *Möglichkeiten und Grenzen einer präventiven Intervention zur phonologischen Bewusstheit von lautsprachgestörten Kindergartenkindern*. Freiburg: Sprachimpuls.

Häsel-Weise, U., Nührenbörger, M., Moser, E. & Wittich, C. (2013). *Ablösung vom zählenden Rechnen. Fördereinheiten für heterogene Lerngruppen*. Stuttgart: Klett/Kallmeyer.

Hasselhorn, M., Schneider, W. & Trautwein, U. (2014; Hrsg.). Tests & Trends, NF Bd. 12. *Formative Leistungsdiagnostik*. Göttingen: Hogrefe.

Hattie, J. (2013). *Lernen sichtbar machen. Überarbeitete deutschsprachige Ausgabe von »Visible Learning«*. Hohengehren: Schneider.

Heidenreich, R. (2004). Entwicklung von Förderplankonzepten für Schülerinnen und Schüler mit sonderpädagogischem Förderbedarf aus Sicht der Schulaufsicht (Erwartungen und Beratung). In Verband der Sonderpädagogik Nordrhein-Westfalen e. V. (vds-NRW) (Hrsg.). *Förderplanung in der sonderpädagogischen Arbeit* (S. 10–12). Gladbeck.

Hillenbrand, C. (2014). Evidenzbasierung sonderpädagogischer Praxis: Widerspruch oder Gelingensbedingung? *Zeitschrift für Heilpädagogik, 66*, 312–324.

Hobusch, A., Lutz, N. & Wiest, U. (2016). *Sprachstandsüberprüfung und Förderdiagnostik (SFD). Testverfahren für Grundschulkinder mit Deutsch als Erst- und Zweitsprache*. Buxtehude: Persen.

Höhmann, K. (2006). Lernverträge und Förderpläne. Instrumente für die Individualisierung von Förderprozessen. *Pädagogik, 58*, 20–25.

Hollenweger, J. & Kraus de Camargo, O. (2013). *Internationale Klassifikation der Funktionsfähigkeit, Behinderung und Gesundheit bei Kindern und Jugendlichen (ICF-CY)* (2. Nachdruck). Bern: Huber.

Howell, J. & Dean, E. (1994). *Treating Phonological Disorders in Children: Metaphon-Theory to Practice* (2. Aufl.). London: Whurr.

Huber, C. (2009). Gemeinsam einsam? Empirische Befunde und praxisrelevante Ableitungen zur sozialen Integration von Schülern mit Sonderpädagogischem Förderbedarf im Gemeinsamen Unterricht. *Zeitschrift für Heilpädagogik, 7*, 242–247.

Huber, C., Grosche, M. & Schütterle, P. (2013). *Inklusive Schulentwicklung durch response-to-intervention (RTI) – Realisierungsmöglichkeiten des RTI-Konzepts im Förderbereich Lesen*. Zeitschrift für Inklusion: Gemeinsam Leben, 2, 79–90.

Hübner, K. (2016). *Schriftspracherwerb unter sprachlich erschwerten Bedingungen: Eine Untersuchung zur sprachlichen Verarbeitung und zur Rechtschreibung bei Kindern mit Sprachentwicklungsstörungen im höheren Grundschulalter.* Berlin u. a.: Lang.

Irwin, J.R., Carter, A.S. & Briggs-Gowan, M.J. (2002). The social-emotional development of »late-talking« toddlers. *Journal of the American Academy of Child and Adolescent Psychiatry, 41*, 1324–1332.

Jacobs, C. & Petermann, F. (2007). *Rechenstörungen*. Reihe: Leitfaden Kinder- und Jugendpsychotherapie (Band 9). Göttingen: Hogrefe.

Jahn, T. (2001). *Phonologische Störungen bei Kindern. Diagnostik und Therapie.* Stuttgart: Thieme.

Kannengieser, S. (2012). *Sprachentwicklungsstörungen. Grundlagen, Diagnostik, Therapie* (2. Aufl.). München: Urban und Fischer.

Käß, S. (2010). Die Förderung des Akkusativs im Unterricht. *Deutsche Gesellschaft für Sprachheilpädagogik: Themenheft Akkusativ*, 6–10.

Kauschke, C. (2000). *Der Erwerb des frühkindlichen Lexikons. Eine empirische Studie zur Entwicklung des Wortschatzes im Deutschen.* Tübingen: Gunter Narr.

Kauschke, C. & Rothweiler, M. (2007). Lexikalisch-semantische Entwicklungsstörungen. In H. Schöler & A. Welling (Hrsg.). *Förderschwerpunkt Sprache (Handbuch der Pädagogik und Psychologie bei Behinderungen)* (Band 3, S. 239–246). Göttingen: Hogrefe.

Kauschke, C. & Siegmüller, J. (2006). *Patholinguistische Therapie bei Sprachentwicklungsstörungen.* München: Urban & Fischer/Elsevier.

Kittel, A. (2011). *Myofunktionelle Therapie*. Idstein: Schulz-Kirchner Verlag GmbH.

Kleber, E.W. & Fischer, R. (1994). *Anweisungs- und Sprachverständnistest (ASVT*; 2. Aufl.). Weinheim: Beltz.

Knebel, U. von (2007). Sprachförderung im Unterricht als diagnosegeleiteter Prozess. H. Schöler, & A. Welling (Hrsg.). *Handbuch der Sonderpädagogik. Band. 1: Sonderpädagogik der Sprache* (S. 1082–1103). Göttingen: Hogrefe.

Knox, E. & Conti-Ramsden, G. (2003). Bullying risks of 11-year-old children with specific language impairment (SLI): Does school placement matter? *International Journal of Language and Communications Disorders, 38*, 1–12.

Kornmann, R. (2007). Förderung des Bewusstseins kommunikativer Kompetenzen bei Kindern und Jugendlichen mit erhöhtem Förderbedarf im Bereich Lernen und Entwicklung – eine pädagogische Herausforderung. *Zeitschrift für Heilpädagogik, 58* (12), 470–476.

Kotten-Sederquist, A. (1982). *Sprachbehindertenpädagogik im interdisziplinären Problemfeld lautsprachlicher Kommunikation.* Voces Amicorum Sovijärvi (S. 169–179). Helsinki: Mémoires de la Sociéte Finno-Ougrienne.

Krauthausen, G. (2007). Sprache und sprachliche Anforderungen im Mathematikunterricht der Grundschule. In H. Schöler & A. Welling (Hrsg.). *Sonderpädagogik der Sprache* (S. 1022–1034). Göttingen: Hogrefe.

Kultusministerkonferenz (KMK; 2004). *Bildungsstandards im Fach Deutsch für den Primarbereich. Beschluss vom 15.10.2004.* Darmstadt: Luchterhand.

Küspert, P. (1998). *Phonologische Bewußtheit und Schriftspracherwerb: Zu den Effekten vorschulischer Förderung der phonologischen Bewußtheit auf den Erwerb des Lesens und Rechtschreibens.* Frankfurt am Main: Lang.

Küspert, P. & Schneider, W. (1999). *Hören. Lauschen. Lernen. Sprachspiele für Kinder im Vorschulalter. Würzburger Trainingsprogramm zur Vorbereitung auf den Erwerb der Schriftsprache.* Göttingen: Vandenhoeck & Ruprecht.

Küspert, P. & Schneider, W. (1998). *Würzburger Leise Leseprobe (WLLP).* Göttingen: Hogrefe.

Landerl, K. & Kaufmann, L. (2008). *Dyskalkulie. Modelle, Diagnostik, Intervention.* Stuttgart: Reinhardt.

Landesinstitut für Schule und Medien Brandenburg (2004). Rahmenplan Grundschule Mathematik. Abgerufen unter *http://www.bildung-mv.de/export/sites/bildungsserver/downloads/unterricht/Rahmenplaene/Rahmenplaene_allgemeinbildende_Schulen/Mathematik/rp-mathe-gs.pdf* am 24.08.2017.

Leonard, L.B. (1997). *Children with Specific Language Impairment.* Cambridge: MIT Press.

Levelt, W.J.M. (1989). *Speaking: From Intention to Articulation.* Cambridge: MIT Press.

Liebertz, C. (2010). Wie alt ist die Forderung nach ganzheitlichem Lernen? *WWD, 75*, 12–13.

Locke, J.L. (1997). A theory of neurolinguistic development. *Brain and Language, 58*, 265–326.

Lüdtke, U. (2015). »Unterrichtsintegrierte Sprachtherapie« als Baustein eines multiprofessionellen Angebots in inklusiven schulischen Kontexten. In M. Grohnfeldt (Hrsg.). *Inklusion im Förderschwerpunkt Sprache* (S. 37–75). Stuttgart: Kohlhammer.

Lüdtke, U. & Stitzinger, U. (2015). *Pädagogik bei Beeinträchtigungen der Sprache.* München: Reinhardt/UTB.

Lütje-Klose, B. & Mehlem, U. (2015). Inklusive Sprachförderung als professionelle Entwicklungsaufgabe – was braucht die Grundschule von der Sonderpädagogik? In M. Grohnfeldt (Hrsg.). *Inklusion im Förderschwerpunkt Sprache* (S. 105–123). Stuttgart: Kohlhammer.

Lukow, H.-J. (2012). Dyskalkulie/Rechenschwäche: Wenn Mathe nur noch Angst macht. *Deutsches Ärzteblatt, 109* (6), 59.

Mahlau, K. (2017). Mehrebenenkonzept zur Förderung der Sprachentwicklung. In B. Hartke (Hrsg.), *Handlungsmöglichkeiten Inklusion – Band 1* (S. 148–184). Stuttgart: Kohlhammer.

Mahlau, K. (2016a). *Chancen und Grenzen der Förderung von Kindern mit spezifischen Sprachentwicklungsstörungen (SSES) nach dem Response-to-Intervention-Ansatz (RTI). Eine vergleichende Längsschnittstudie zur sprachlichen, schulleistungsbezogenen und sozial-emotionalen Entwicklung in unterschiedlichen schulischen Settings.* Habilitationsschrift der Universität Rostock. Frankfurt am Main: Lang.

Mahlau, K. (2016b). *Screening grammatischer Fähigkeiten für die 2. Klasse (SGF 2)*. München: Reinhardt.

Mahlau, K. (2015). Gespräche führen. In A. Pompe (Hrsg.) *Deutsch inklusiv. Gemeinsam lernen in der Grundschule* (S. 57–69). Baltmannsweiler: Schneider.

Mahlau, K. (2013). Vergleich zwischen inklusiven und separierenden Unterrichtskonzepten unter besonderer Berücksichtigung von Kindern mit spezifischer Sprachentwicklungsstörung: Lernausgangslage und erste Ergebnisse. *Forschung Sprache, 1*, 4–22.

Mahlau, K. (2010). Elternfragebogen zur Anamnese der Sprachentwicklung. Material der Universität Rostock. Abgerufen http://www.lernfortschrittsdokumentation-mv.de/pdf-lounge/Elternfragebogen_Sprachentwicklung.pdf am 23.12.2017.

Mahlau, K. (2008). *Metaphonologische Fähigkeiten und ihre Bedeutung für den Schriftspracherwerb bei spezifisch sprachentwicklungsgestörten Kindern. Unter besonderer Berücksichtigung der Wortschatzentwicklung.* Berlin u. a.: Lang.

Mahlau, K. & Hartke, B. (2016). Stichwort »Differenzierung«. In G. Antor, I. Beck, U. Bleidick & M. Dederich (Hrsg.). *Handlexikon der Behindertenpädagogik. Schlüsselbegriffe aus Theorie und Praxis* (3. Aufl., S. 37–39). Stuttgart: Kohlhammer.

Mahlau, K. & Hensen, A. (2013). Erfahrungen in der Präventiven und Integrativen Schule auf Rügen (PISaR) im Förderbereich Sprache. *Praxis Sprache, 4*, 247–250.

Mahlau, K. & Herse, S. (2017). *Sprechen, Spielen, Spaß – sprachauffällige Kinder in der Grundschule fördern.* München: Reinhardt.

Mahlau, K. & Jeschke, S. (2014). Welche Lernvoraussetzungen haben Kinder mit Sprachentwicklungsstörungen? Eine deskriptive Beschreibung von Erstklässlern mit einem Risiko in der Sprachentwicklung. *Zeitschrift für Heilpädagogik, 11*, 416–424.

Mahlau, K. & Salzberg-Ludwig, K. (2015). Soziale und emotionale Schulerfahrungen bei Kindern mit Sprachentwicklungsstörungen in unterschiedlichen schulischen Settings. *Heilpädagogische Forschung, 41 (2)*, 70–84.

Mahlau, K., Voß, S. & Hartke, B. (2016a, Hrsg.). *Lernen nachhaltig fördern Band 1. Allgemeine Grundlagen zur Umsetzung einer inklusiven Grundschule*. Hamburg: Dr. Kovac.

Mahlau, K., Voß, S. & Hartke, B. (2016b, Hrsg.). *Lernen nachhaltig fördern Band 2. Unterricht und Förderung in den Lernbereichen Deutsch und Mathematik*. Hamburg: Dr. Kovac.

Mahlau, K., Voß, S. & Hartke, B. (2016c, Hrsg.). *Lernen nachhaltig fördern Band 3. Grundlagen und Förderung im Bereich der emotionalen und sozialen Entwicklung*. Hamburg: Dr. Kovac.

Mahlau, K., Voß, S. & Hartke, B. (2016d, Hrsg.). *Lernen nachhaltig fördern Band 4. Grundlagen und Förderung im Bereich der sprachlichen Entwicklung*. Hamburg: Dr. Kovac.

Maiworm, B. (2008). *Grammatische Fähigkeiten sprachnormaler Grundschulanfänger – Empirische Überprüfung mit der ESGRAF-Diagnostik*. Diplomarbeit: Universität zu Köln.

Mannhaupt, G. (2006). *Münsteraner Screening zur Früherkennung von Lese–Rechtschreibschwierigkeiten (MÜSC)*. Berlin: Cornelsen.

Mannhaupt, G. & Jansen, H. (1989). Phonologische Bewußtheit. Aufgabenentwicklung und Leistungen im Vorschulalter. *Heilpädagogische Forschung, 15*, 50–56.

Marten, K. & Blumenthal, Y. (2017). Soziale Integration unterstützen. In B. Hartke (Hrsg.) *Handlungsmöglichkeiten Schulische Inklusion* (S. 215–239). Stuttgart: Kohlhammer.

Marx, P., Weber, J. & Schneider, W. (2005). Langfristige Auswirkungen einer Förderung der phonologischen Bewusstheit bei Kindern mit Defiziten in der Sprachentwicklung. *Die Sprachheilarbeit, 50*, 280–285.

Mayer, A. (2010). *Gezielte Förderung bei Lese- und Rechtschreibstörungen*. Basel: Reinhardt.

Melzer, C. (2010). Der Förderplan als Möglichkeit professioneller Förderung. In Verband der Sonderpädagogik e. V. (Hrsg.). *Sonderpädagogischer Kongress 2010 – Inklusion braucht Professionalität*. Bearbeitet von B. Seebach (CD-ROM) (S. 18–23). Dresden: vds.

Motsch, H.-J. (2013). Basiswissen Grammatische Störungen. *Sprachförderung und Sprachtherapie, 1*, 2–8.

Motsch, H.-J. (2010). *Kontextoptimierung. Evidenzbasierte Intervention bei grammatischen Störungen in Therapie und Unterricht*. (3. Aufl.). München: Reinhardt.

Motsch, H.-J. (2009). *ESGRAF-R. Modularisierte Diagnostik grammatischer Störungen – Testmanual*. München: Reinhardt.

Motsch, H.-J. & Rietz, C. (2016). *ESGRAF 4-8. Grammatiktest für 4- bis 8-jährige Kinder – Testmanual*. München: Reinhardt.

Motsch, H.-J. & Ulrich, T. (2012). Wortschatzsammler und Wortschatzfinder. Effektivität neuer Therapieformate bei lexikalischen Störungen im Vorschulalter. *Sprachheilarbeit, 2*, 70–78.

Motsch, H.-J. & Ziegler, D. (2004). Kontextoptimierte Förderung grammatischer Fähigkeiten im basistherapeutisch orientierten Anfangsunterricht. In M. Grohnfeldt (Hrsg.). *Lehrbuch der Sprachheilpädagogik und Logopädie; Band 5 – Bildung, Erziehung und Unterricht* (S. 191–216). Stuttgart: Kohlhammer.

Mußmann, J. (2014). *Inklusive Sprachförderung in der Grundschule*. München: Reinhardt.

Mußmann, J. (2012). Förderschwerpunkt Sprache im inklusiven Unterricht. *Sonderpädagogik in Berlin, 1*, 4–22.

Nation, K. (2009). Connections Between Language and Reading in Children With Poor Reading Comprehension. In H.W. Catts & A.G. Kamhi (eds). *The Connections Between Language and Reading Disabilities* (S. 41–54). New York: Psychology Press.

Nation, K. & Snowling, M.J. (1997). Assessing reading difficulties: The validity and utility of current measures of reading skills. *British Journal of Educational Psychology, 67*, 359–370.

Nolte, M. (2009). Rechenschwäche und Fördermöglichkeiten. In C. Fischer, U. Westphal & C. Fischer-Ontrup. (Hrsg.) *Individuelle Förderung – Lernschwierigkeiten als schulische Herausforderung: Lese-Rechtschreibschwierigkeiten-Rechenschwierigkeiten* (S. 80–91). Münster: LIT.

Nußbeck, S. (2013). Evidenzbasierte Praxis. In U. Heimlich, R. Stein & F. B. Wember (Hrsg.). *Handlexikon Lernschwierigkeiten und Verhaltensstörungen* (S. 247–249). Stuttgart: Kohlhammer.

Nußbeck, S. (2007). Evidenzbasierte Praxis – ein Konzept für sonderpädagogisches Handeln? *Sonderpädagogik, 37 (2/3)*, 146–155.

Oxford Centre for Evidence-Based Medicine (2001). Centre for evidence based medicine. Abgerufen unter *http://www.cebm.net/* am 23.12.2017.

Paul, R. & James, D. (1990). Language delay and parental perceptions. *Journal of the American Academy of Child and Adolescent Psychiatry, 29*, 669–670.

Petermann, F. (2012). *Sprachstandserhebungstest für Fünf- bis Zehnjährige (SET 5-10;* 2. Aufl.). Göttingen: Hogrefe.

Popella, M. (2005). *Vergleichsstudie zum Erwerb der Kasusmarkierung von Erstklässlern in Grund- und Sprachheilschulen*. Diplomarbeit: Universität zu Köln.

Popp, K., Melzer, C. & Methner, A. (2011). *Förderpläne entwickeln und umsetzen*. München: Reinhardt.

Rauer, W. & Schuck, K.D. (2004). *Fragebogen zur Erfassung emotionaler und sozialer Schulerfahrungen von Grundschulkindern erster und zweiter Klassen (FEESS 1-2)*. Göttingen: Hogrefe.

Reber, K. (2012). Sprachheilpädagogik und Sprachtherapie in inklusiven Settings. Perspektiven der Vernetzung zwischen Sprachheilpädagogik, Sprachtherapie und Regelschule. *Logos interdisziplinär, 20*, 264–275.

Reber, K. (2009). *Prävention von Lese- und Rechtschreibstörungen im Unterricht. Systematischer Schriftspracherwerb von Anfang an*. Basel: Reinhardt.

Reber, K. & Schönauer-Schneider, W. (2017). *Sprachförderung im inklusiven Unterricht: Praxistipps für Lehrkräfte*. München: Reinhardt.

Reber, K. & Schönauer-Schneider, W. (2014). *Bausteine sprachheilpädagogischen Unterrichts* (3. Aufl.). München: Reinhardt.

Reber, K. & Steidl, M. (2012). Anlautschriften und Co. Schriften für den Computer: Handzeichen. Abgerufen unter *https://www.paedalogis.com/images/¬materialecke/anlautschriften/handzeichen_uebersicht/handzeichenReberSteid¬lInklErlaeuterung.pdf*. am 26.06.2017.

Rescorla, L., Mirak, J. & Singh, L. (2000). Vocabulary growth in late talkers: lexical development from 2;0 to 3;0. *Journal of Child Language, 27*, 293–311.

Rice, M.L. (1993). Social consequences of specific language impairment. In H. Grimm & H. Skowronek (Hrsg.). *Language acquisition problems and reading disorders: Aspects of diagnosis and intervention. Prevention and Intervention in Childhood and Adolescence* (S. 111–128). Berlin: Walter de Gruyter.

Riehemann, S. (2016). Grammatische Störungen im Kindesalter – Kontextoptimierung für Grundschullehrer. In K. Mahlau, S. Voß & B. Hartke (Hrsg.). *Lernen nachhaltig fördern Band 4. Grundlagen und Förderung im Bereich der sprachlichen Entwicklung* (S. 157–184). Hamburg: Kovac.

Riehemann, S. (2014). der die das – wie weshalb warum? Praktische Überlegungen zur Förderung der Genusmarkierungen. *Sprachförderung und Sprachtherapie, 1*, 16–22.

Ritterfeld, U., Starke, A., Röhm, A., Latschinske, S., Wittich, C. & Moser Opitz, E. (2013). Über welche Strategien verfügen Erstklässler mit Sprachstörungen beim Lösen mathematischer Aufgaben? *Zeitschrift für Heilpädagogik, 4*, 136–143.

Romonath, R. (2000). *Reintegration von Absolventinnen und Absolventen der Sprachheilgrundschule in das Regelschulsystem. Eine empirische Untersuchung*. Aachen: Shaker.

Romonath, R. (1998). Metaphonologische Fähigkeiten bei aussprachegestörten Kindern. *Die neue Sonderschule, 3* (43), 170–183.

Romonath, R. & Gregg, N. (2003). Auswirkungen phonologischer und orthografischer Verarbeitungsfähigkeiten auf die Lese- und Rechtschreibleistungen von Jugendlichen und jungen Erwachsenen. In Ministerium für Bildung, Wissenschaft und Kultur des Landes Mecklenburg–Vorpommern (Hrsg.). *Optimierung von Lese-Rechtschreibfähigkeiten bei Legasthenikern im Jugendalter* (S. 15–75). Schwerin: Ministerium für Bildung, Wissenschaft und Kultur des Landes Mecklenburg-Vorpommern.

Rosenkötter, I. (2008; Hrsg.). *Planung und Organisation von Sprachförderprojekten im Elementarbereich*. Freie Hansestadt Bremen. Bremen-Brinkum: Scharnhorst & Reincke.

Rothweiler, M. (2001a). *Wortschatz und Störungen des lexikalischen Erwerbs bei spezifisch sprachentwicklungsgestörten Kindern*. Heidelberg: Editions S.

Rothweiler, M. (2001b). *AWS und PWS. Aktiver und Passiver Wortschatztest.* Unveröffentlichte Arbeitsversion der Universität Hamburg.

Ruben, L. & Wittich, C. (2017). *Therapie myofunktioneller Störungen (Myo-Mot).* München: Reinhardt.

Sackett, D., Rosenberg, W., Gray, J., Haynes, R. & Richardson, W. (1996). Evidence based medicine: what it is and what it isn't. *British Medical Journal, 312,* 71–72.

Sackett, D., Strauss, S., Richardson, W., Rosenberg, W. & Haynes, R. (2000). *Evidence-Based Medicine: How to Practice and Teach EBM* (2nd ed). Churchill Livingstone: Edinburgh.

Sallat, S. & Spreer, M. (2014). Förderung kommunikativ-pragmatischer Fähigkeiten in Unterricht und therapeutischer Praxis. *Sprachförderung und Sprachtherapie, 3,* 156–166.

Saß, H., Wittchen, H.-U., Zaudig, M. & Houben, I. (2003). *Diagnostisches und Statistisches Manual Psychischer Störungen – Textrevision-DSM-IV-TR (Dt. Bearb.).* Göttingen: Hogrefe.

Schöler, H., Braun, L. & Keilmann, A. (2003). *Intelligenz: Ein relevantes differenzialdiagnostisches Merkmal bei Sprachentwicklungsstörungen?* (Arbeitsberichte aus dem Forschungsprojekt »Differentialdiagnostik« Nr. 14). Heidelberg: Pädagogische Hochschule, Fakultät I, Sonderpädagogische Psychologie.

Schöler, H., Fromm, W. & Kany, W. (1998). *Spezifische Sprachentwicklungsstörung und Sprachlernen. Erscheinungsformen, Verlauf, Folgerungen für Diagnostik und Therapie.* Heidelberg: Edition Schindele.

Schöler, H. & Schakib-Ekbatan, K. (2001). Sprachentwicklungsstörungen und Verarbeitungs- bzw. Lernstörungen. In M. Grohnfeldt (Hrsg.). *Lehrbuch der Sprachheilpädagogik und Logopädie. (Band 2) Erscheinungsformen und Störungsbilder* (S. 88–101). Stuttgart: Kohlhammer.

Schrey-Dern, D. (2006). *Sprachentwicklungsstörungen.* Stuttgart: Thieme.

Schröder, A. & Ritterfeld, U. (2014). Zur Bedeutung sprachlicher Barrieren im Mathematikunterricht der Primarstufe. *Forschung Sprache, 1,* 49–69.

Schulte-Körne, G. (2002). Neurobiologie und Genetik der Lese-Rechtschreibstörung (Legasthenie). In G. Schulte-Körne (Hrsg.). *Legasthenie: Zum aktuellen Stand der Ursachenforschung, der diagnostischen Methoden und der Förderkonzepte* (S. 13–42). Bochum: Winkler.

Schulte-Körne, G. & Ptok, M. (1998). Lese-Rechtschreibstörung. *Sprache-Stimme-Gehör, 22,* 1–2.

Seiffert, H. (2017). Spezifische Sprachförderung im Fachunterricht. *Praxis Sprache, 1,* 29–34.

Shapiro, T. (1982). Language and the psychiatric diagnosis of preschool children. *Psychiatric Clinics of North America, 5* (2), 309–319.

Siegmüller, J., Kauschke, C., van Minnen, S. & Bittner, D. (2010). *Test des Satzverständnisses bei Kindern (TSVK).* München: Elsevier.

Snowling, M.J. (2009). Literacy Outcomes for Children With Oral Language Impairments: Developmental Interactions Between Language Skills and Learning to Read. In H.W. Catts & A.G. Kamhi (eds). *The Connections Between Language and Reading Disabilities* (S. 55–76). New York: Psychology Press.

Spreer, M. (2013). Erfassung sprachlicher Fähigkeiten in inklusiven schulischen Settings – Beobachtungsmaterialien und Diagnoseverfahren im Überblick. *Praxis Sprache, 3,* 241–246.

Stackhouse, J. & Wells, B. (1997). *Children's Speech and Literacy Difficulties. A Psycholinguistic Framework.* Book 1. London: Whurr.

Steinert, J. (2011). *Allgemeiner Deutscher Sprachtest* (ADST). Göttingen: Hogrefe.

Stitzinger, U. (2013a). Mit Sprache ist zu rechnen – Sprachdidaktische Aspekte im Mathematikunterricht. In K. Rosenberger (Hrsg.). *Sprache rechnet sich. Medium Sprache in allen Lebensbereichen* (S. 89–98). Wien: Lernen mit Pfiff.

Stitzinger, U. (2013b). Förder- und Unterstützungsprofil Sprache und Kommunikation. *Praxis Sprache, 58,* 145–151.

Stitzinger, U. & Bechstein, A. (2013). Mit Sprache kann gerechnet werden – Unterrichtsspezifische Sprachdidaktik am Beispiel mathematischer Zusammenhänge. *Praxis Sprache, 3,* 218–226.

Stothard, S.E., Snowling, M.J., Bishop, D.V.M., Chipchase, B.B. & Kaplan, C. A. (1998). Language-Impaired Preschoolers: A Follow-Up Into Adolescence. *Journal of Speech, Language and Hearing Research, 41,* 407–418.

Strathmann, A. & Klauer, K.J. (2012). *LVD-M 2–4. Lernverlaufsdiagnostik Mathematik für die zweiten bis vierten Klassen.* Göttingen: Hogrefe.

Strathmann, A. & Klauer, K.J. (2010). Lernverlaufsdiagnostik: Ein Ansatz zur längerfristigen Lernfortschrittsmessung. *Zeitschrift für Entwicklungspsychologie und Pädagogische Psychologie, 42,* 111–122.

Suchodoletz, W. v. (2013). *Sprech- und Sprachstörungen.* Göttingen: Hogrefe.

Szagun, G. (2007). *Das Wunder des Spracherwerbs: So lernt Ihr Kind sprechen.* Weinheim: Beltz.

Tack, C. (2016). Diagnostik und Therapie bei Störungen des Sprachverständnisses. In K. Mahlau, B. Hartke & S. Voß (Hrsg.). *Lernen nachhaltig fördern Band 4. Grundlagen und Förderung im Bereich der sprachlichen Entwicklung* (S. 211–244). Hamburg: Kovac.

Theisel, A. & Glück, C.W. (2012). Hauptmerkmale eines entwicklungswirksamen Unterrichtsangebotes für sprachbeeinträchtigte Kinder in der Einschätzung von Experten. *Die Sprachheilarbeit, 1,* 24–34.

Tolkmitt, P. & Diehl, K. (2016). Der Rechtschreiblehrgang »Lulu lernt rechtschreiben« (Klasse 2). In K. Mahlau, S. Voß & B. Hartke (Hrsg.). *Lernen nachhaltig fördern Band 2: Unterricht und Förderung in den Lernbereichen Deutsch und Mathematik: Fortbildungseinheiten, -methoden und -materialien* (S. 217–226). Hamburg: Dr. Kovač.

Literatur

Tomblin, J.B., Records, N., Buckwalter, P., Zhang, X., Smith, E. & O'Brien, M. (1997). Prevalence of specific language impairment in kindergarden children. *Journal of Speech, Language and Hearing Research, 40*, 1245–1260.

Tunmer, W.E. & Bowey, J.A. (1984). Metalinguistic awareness and reading acquisition. In W.E. Tunmer, C. Pratt & M.L. Herriman (Hrsg.). *Metalinguistic awareness in children* (S. 144–168). Berlin: Springer.

Ulrich, T. & Schneggenburger, K. (2012). Lexikalische Strategietherapie für Vorschulkinder mit dem »Wortschatzsammler«. *Sprachförderung und Sprachtherapie, 2*, 63–71.

Voß, S. (2017). Datenbasierte Förderentscheidungen. In B. Hartke (Hrsg.). *Handlungsmöglichkeiten Inklusion – Band 1: »Rügener Inklusionsmodell kompakt«* (S. 33–56). Stuttgart: Kohlhammer.

Voß, S., Sikora, S. & Mahlau, K. (2017). Vorschlag zur Konzeption eines curriculumbasierten Messverfahrens zur Erfassung der Rechtschreibleistungen im Grundschulbereich. *Empirische Sonderpädagogik, 9/2*, 184–194.

Wagner, I. (2011). *LOGO-Aussprachprüfung*. Wildeshausen: LOGO Verlag für Sprachtherapie.

Wagner, L. (2014). *SCREENIKS. Screening der kindlichen Sprachentwicklung. Computergestütztes Verfahren zur Feststellung des Sprachstandes im Deutschen bei ein- und mehrsprachigen Kindern*. München: Eugen Wagner.

Walter, J. (2010). *Lernfortschrittsdiagnostik Lesen. Ein curriculumbasiertes Verfahren*. Göttingen: Hogrefe.

Weiner, F. (1981). Treatment of phonological disability using the method of meaningful minimal contrast: two case studies. *Journal of Speech and Hearing Disorders, 46*, 97–103.

Weinrich, M. (2013). Kindliche Aussprachestörungen. *Sprachförderung und Sprachtherapie, 3*, 146–152.

Weinrich, M. & Zehner, H. (2011). *Phonetische und phonologische Störungen bei Kindern*. Berlin: Springer.

Weiß, R. & Osterland, J. (2012). *Grundintelligenztest CFT 1-R – Grundintelligenztest – Skala 1 Revision)*. Göttingen: Hogrefe.

Wendlandt, W. (2006). *Sprachstörungen im Kindesalter*. Stuttgart: Thieme.

Westdörp, A. (2010). Möglichkeiten des gezielten Einsatzes der Lehrersprache zum sprachfördernden Unterricht. *Die Sprachheilarbeit, 1*, 9–13.

Simon Sikora/Stefan Voß

Mathematikunterricht in der inklusiven Grundschule

2018. 162 Seiten, 18 Abb., 6 Tab. Kart.
€ 26,–
ISBN 978-3-17-033840-1

auch als EBOOK

Handlungsmöglichkeiten Schulische Inklusion

Einen guten Mathematikunterricht zu gestalten, stellt eine große fachliche Herausforderung dar. In Zeiten der Inklusion wird die Aufgabe für Lehrkräfte nicht einfacher. Schließlich müssen sie unterschiedlichste Lernausgangslagen in ihrem Unterricht berücksichtigen, um den Lernbedürfnissen aller Kinder gerecht zu werden. Das Buch unterstützt Praktikerinnen und Praktiker bei ihrer Arbeit, indem es aus aktuellen wissenschaftlichen Erkenntnissen Gestaltungsprinzipien eines hochwertigen, inklusionsförderlichen Mathematikunterrichts ableitet und leserfreundlich anhand von Praxisbeispielen darstellt. Abschließend vereint das Buch diese Gestaltungsprinzipien in einem erfolgreich erprobten inklusiven Beschulungskonzept.

Dr. Simon Sikora und **Dr. Stefan Voß** sind wissenschaftliche Mitarbeiter am Institut für Sonderpädagogische Entwicklungsförderung und Rehabilitation der Universität Rostock.

W. Kohlhammer GmbH
70549 Stuttgart

Kohlhammer